SANKT PETERSBURG

Sankt Petersburg
2012

Ich lieb' dich, Schöpfung Peters, deine
Gestrenge einheitliche Pracht,
In dem granitenen Gesteine
Der Newa königliche Macht
Und deiner schmucken Eisengitter,
Und deiner nachdenklichen Nacht
Durchsichtig-weisses Lichtgezitter...

Alexander Puschkin

SANKT PETERSBURG

PETERHOF
ZARSKOJE SELO
PAWLOWSK
GATSCHINA
ORANIENBAUM
STRELNA
KRONSTADT

Text
Natalja Popowa und Andrej Fjodorow

Aus dem Russischen übertragen
von Roman Eiwadis

Fotos
Wladimir Antostschenkow, Valentin Baranowskij, Nikolaj Berketow, Leonid Bogdanow, Wladimir Dawydow, Pawel Demidow, Wladimir Denissow, Wladimir Dorochow, Wladimir Filippow, Alexander Fomitschow, Leonid Gerkus, Eduard Gorbatenko, Valerij Gordt, Leonard Hejfez, Wadim Jegorowskij, Alexander Kaschnizkij, Arthur Kirakosow, Pawel Kusmitschow, Boris Manuschin, Wladimir Melnikow, Alexander Minin, Jurij Molodkowez, Alexander Petrosjan, Sergej Podmetin, Nikolaj Rachmanow, Alexander Rjasanzew, Viktor Sawik, Georgij Schablowskij, Wladimir Schlakan, Jewgenij Schljopkin, Jewgenij Sinjawer, Alexander Taran, Wladimir Terebenin, Oleg Trubskij, Sergej Tschistobajew und Wassilij Woronzow

Lektorat
Irina Lwowa und Irina Charitonowa

Computersatz
Swetlana Baschun

Farbkorrektur
Wjatscheslaw Bykowskij, Wladimir Knjasew, Alexander Mjagkow

St. Petersburg, ehemals Hauptstadt des Russischen Reiches, Stolz und Ruhm Russlands, wurde am 27. Mai 1703 gegründet. Die Entstehungsgeschichte der Stadt war eine einzige »Frechheit«. Zur Verwirklichung seiner Pläne zog Peter der Große – als eine Art Gegengewicht zu den Anhängern der »alten« Rus – die neue Generation heran, die alle seine Ideen und Bemühungen mit der für die Jugend charakteristischen kämpferischen Kompromisslosigkeit tatkräftig unterstützte. St. Petersburg wurde zum Symbol der neuen Etappe der russischen Geschichte und der kühnen, grandiosen Umgestaltungen. Peters Wunsch, auf dem sumpfigen, gleichsam aus den Nebeln gewobenen Boden das »nördliche Paradies« zu schaffen, war eine Herausforderung an die Natur. Die Stadt wurde zum Lebenswerk und Lieblingskind des »Nordriesen, dieses Giganten, in dem sich Energie und Grausamkeit des Nationalkonventes von 1793 und dessen revolutionäre Kraft konzentrierte, <…> eines Zaren, der sich von seinem Land um dessen Nutzen willen lossagte und es im Namen des Europäismus und der Zivilisation unterdrückte« (*Alexander Herzen*). Der Bau der Stadt, mit einer beispiellosen Schnelligkeit vorangetrieben, forderte zahlreiche Menschen-opfer, vielleicht gestaltete sich deswegen das Schicksal St. Petersburgs so düster und tragisch: In den dreihundert Jahren seines

Bestehens erlitt es viele historische, aber auch Naturkatastrophen. Mehr als einmal versuchten Feinde, die Stadt zu erobern und dem Erdboden gleichzumachen, doch nie betrat sie der Fuß eines Besatzers. Selbst die 900 Tage der grauenvollsten Belagerung der Menschheitsgeschichte durch die deutsche Hitler-Wehrmacht, vom 8. September 1941 bis zum 27. Januar 1944, konnten den Widerstandsgeist der Stadtbewohner nicht brechen.

Im Herbst bedroht das Hochwasser die Stadt; die drei schrecklichsten Überschwemmungs-katastrophen ereigneten sich 1724, 1824 und 1924. »...Die Newa, einem Kranken gleich, / Warf ruhlos sich in ihrem Bette; / Es war schon Nacht; an Wand und Glas / Schlug bös der Regen, schneeig-naß, / Laut klang des Windes trübes Klagen, / Und kochend wie in Kesselglut / Warf einem Tiere gleich, in Wut, / Sich auf die Stadt der Strom...« (*Alexander Puschkin*). Doch das launische Wetter macht St. Petersburg besonders ausdrucksstark: Die Stadt besitzt die Gabe, sich ganz plötzlich zu verwandeln, sich dem Fremden in ganz verschiedenen Gestalten zu zeigen. Sie spürt gleichsam die Stimmung ihrer Bewohner und scheint ihre Schwermut und Freude teilen zu wollen. Doch die wundervollste und phantastischste Zeit sind die berühmten »weißen« Nächte, von Mitte Mai bis Mitte Juli, wenn die Sonne nur ganz kurz oder fast überhaupt nicht untergeht und die Stadt durch ihr Licht bezaubert und fasziniert. Da verzeiht man ihr gern ihre Nebel und Regen, ihre kurzen Wintertage und langen Herbstabende. »Unzählige Dichter besangen und priesen schon unsere nördlichen Nächte, doch es ist genauso unmöglich, ihre Schönheit in Worte zu fassen wie den Duft einer Rose oder etwa das leise Vibrieren einer Saite wiederzugeben. Kein Dichter ist in

der Lage, dieses unsagbare, majestätische Schweigen voller Geist und Leben auszudrücken, das sich auf die nach der Tageshitze im phosphoreszierenden Licht der leichten Wolken und des purpurroten Westens schweratmende Newa legt. Kein Künstler vermag dieses märchenhaft schöne, schillernde Licht- und Farbenspiel des Himmels festzuhalten, das sich im Fluss spiegelt und an ein Chamäleon oder ein glitzerndes Kristallglas erinnert. Kein Musiker der Welt kann diese von Gefühl tief durchdrungenen Laute, die von der Erde zum Himmel steigen und, von diesem reflektiert, wieder zur Erde herabfallen, in irdische Musik transformieren« (*Apollon Grigorjew*).

St. Petersburg ist die seltsamste aller russischer Städte, ein ungewöhnlicher »Organismus« mit stark ausgeprägter Individualität und zarter, feinfühliger Seele, der sein kompliziertes, geheimnisvolles und dramatisches Leben führt. Mit keiner anderen Stadt Russlands sind so viele Sagen und Legenden verbunden. Keine einzige Stadt löste so widersprüchliche Gefühle aus: Sie wurde geliebt und gehasst, gerühmt und verflucht, doch alle mussten ihre erhabene und bedeutsame Schönheit anerkennen. »Welch eine Stadt! Welch ein Fluss! Wirklich einzigartig! Man muss Petersburg für eine Zeitlang verlassen und alte Metropolen sehen – das ergraute Paris, das verrußte London –, um Petersburg richtig zu schätzen. Schauen Sie doch bloß, welch eine Einheit! Wie alle Teile dem Ganzen entsprechen! Welch eine Schönheit der Gebäude, welch ein Geschmack und was für eine Vielfalt, die nicht zuletzt dem vielen Wasser zu verdanken ist!« Diese Worte wurden bereits zu Beginn des 19. Jahrhunderts von dem bedeutenden russischen Dichter Konstantin Batjuschkow ausgesprochen.

Peters Stadt sieht man sofort das »Siegel des bewussten Schöpfertums des Menschen« an, da sie von Anfang an nach einem Plan gebaut wurde. Die gleichmäßigen Linien der Fluss- und Kanalufer bildeten die städtebaulichen Hauptelemente St. Petersburgs. Hier wurden nicht einzelne Bauwerke, sondern ganze Baukomplexe errichtet, ganze »handgemachte« Landschaften geschaffen. Besonderes Augenmerk der Architekten galt der Entstehung langer, schnurgerader und breiter Straßen. Die Einzigartigkeit des architektonischen Antlitzes der Nordmetropole Russlands wird aus der Vogelperspektive besonders deutlich. »Alles erscheint flach, die Unebenheiten werden nivelliert; man sieht ein kaum angedeutetes Relief, das an einen Stadtplan erinnert. Doch dafür erhält man die Möglichkeit, die Stadt in der Umrahmung der Natur zu erblicken. Die Natur tritt gleichsam in die Stadt ein, während diese ihren Widerschein auf die sie umgebende Landschaft wirft«, schrieb der Petersburger Heimatforscher Nikolaj Anziferow.

St. Petersburg hieß alle herzlich willkommen, die sich an seiner Erschaffung, diesem kühnen und gewissermaßen abenteuerlichen Unternehmen, beteiligen wollten. Seine Offenheit für die Errungenschaften der europäischen Kultur, für Wissen und Können fremdländischer Künstler und Gelehrter wurde zu einem Charakterzug der jungen Stadt. In anderen Ländern wurden erst Schulen, dann Universitäten und schließlich Akademien der Wissenschaften gegründet. Unter Peter dem Großen aber waren in Russland gerade die ersten Schulen im Entstehen begriffen, gab es noch keine einzige Universität, als der große Reformer beschloss, viele ausländische Gelehrte, vor allem aus Deutschland, nach St. Petersburg einzuladen

und die Akademie der Wissenschaften zu gründen. Er gab ihnen die Möglichkeit, ihre Forschungen auf Kosten des Staates zu betreiben, damit sie russische Jungen zur Wissenschaft führten.

Es kamen auch zahlreiche ausländische Künstler nach Russland, um schöne Blumen der europäischen Kunst in den sumpfigen Petersburger Boden zu verpflanzen. Alles, was schön und fortschrittlich war, wurde schnell angeeignet. Deutsche, Schweden, Holländer, Franzosen, Italiener und Engländer ließen sich in St. Petersburg nieder und bildeten hier ganze Kolonien. Nach und nach aber verwischten sich die nationalen, sprachlichen und topographischen Grenzen zwischen diesen, so dass sich bald eine neue, besondere Nation – die Petersburger – herausbildete, in der Ausländer und Russen zu einem Ganzen verschmolzen. Für viele Ankömmlinge wurde St. Petersburg zur zweiten Heimat, der sie ihr Talent und die Glut der Seele hingaben. Zusammen mit einheimischen Baumeistern errichteten sie die neue Hauptstadt und die prachtvollen Zarenresidenzen in deren Umgebung. Der bedeutende russische Literaturkritiker des 19. Jahrhunderts Wissarion Belinskij meinte, St. Petersburg hätte nichts Originelles, Eigenständiges an sich, es sei nichts weiter als »eine allgemeine Verkörperung der Idee einer Metropole und sieht einer beliebigen Metropole der Welt zum Verwechseln ähnlich«. Das stimmt aber nicht. Unter dem Einfluss der russischen Baukunst verwandelten sich europäische Architekturformen, und als Ergebnis entstanden hier völlig eigenständige Bauwerke. In Kunst und Wissenschaft, Kultur und Lebensweise koexistierten europäische und russische Traditionen in bizarrer Weise und verschmolzen zu einer neuen Erscheinung: der Petersburger Kultur.

Peter-Paul-Festung
Peter-Paul-Kathedrale

In den ersten Jahren wurden die Bauarbeiten hauptsächlich auf der Sajatschij (Hasen-)-Insel durchgeführt. Hier entstand die Peter-Paul-Festung, die den Kern der künftigen Stadt bildete. Einen besseren Standort für die Festung hätte man nicht finden können. Zar Peter hat den Bauplan eigenhändig ausgearbeitet. Es handelt sich bei dieser Anlage um ein unregelmäßiges Sechseck, an dessen Ecken sechs Bastionen (Bollwerke) errichtet wurden. Mit der Petrograder Insel verbinden die Festung zwei Brücken: die Ioannowskij- und die Kronwerkskij-Brücke. Ihren Namen hat die Festung der in der ersten Hälfte des 18. Jahrhunderts auf dem Festungsgelände erbauten Peter-Paul-Kathedrale zu verdanken.
Zuerst wurden im Eiltempo die Erdwälle errichtet. Um den Bau der neuen Hauptstadt zu beschleunigen, hatte Zar Peter zeitweilig für ganz Russland verboten, in Stein zu bauen, und eine sogenannte Steingebühr eingeführt: Jedes Schiff und jeder Pferdewagen, die nach St. Petersburg kamen, waren verpflichtet, eine bestimmte Menge von Bausteinen mitzubringen. Außerdem wurden alle Steinmetze und Maurer zwangsweise nach St. Petersburg geschickt. Die Bauarbeiten beaufsichtigten Peter der Große persönlich und seine nächsten Mitstreiter Naryschkin, Trubezkoj, Sotow, Golowkin und Menschikow, deren Namen die Bastionen heute noch tragen. 1704 war die Festung fertiggestellt. Nach und nach ersetzte man die Erdbefestigungsanlagen durch Steinmauern. In den Jahren 1731–1740 entstanden noch der Ioannowskij- und der Alexejewskij-Ravelin (Vorschanze), die die Festung von Osten und Westen schützten. Das Haupttor, das Peter-Tor (1714–1718, Architekt Domenico Trezzini), schmückt ein über eine Tonne schwerer Doppeladler aus Blei. Hat man das Peter-Tor passiert, sieht man rechts das Artilleriezeughaus (1801) und links das Ingenieurhaus (1749).
1779–1787 wurden die Mauern auf der Newa-Seite mit Granit verkleidet.
Eine Kanone auf dem Naryschkin-Bollwerk gibt täglich um 12 Uhr einen Schuss ab. Diese Tradition besteht seit den früheren Zeiten.
Neben der Peter-Paul-Kathedrale befindet sich das Kommandantenhaus (1742–1746), in dem alle 32 Kommandanten gewohnt haben. Sie bekleide-ten diesen Posten,

1

2

3

den der Zar nur den zuverlässigsten, kampferprobten Generälen, seinen Vertrauensleuten, anvertraute und den sie lebenslang bekleideten.

1922 wurde auf dem Platz vor dem Gebäude der Hauptwache ein Denkmal für Peter den Großen aufgestellt, das der Bildhauer Michail Schemjakin der Stadt schenkte. Diese stark an die Wachsfigur des Zaren aus der Ermitage erinnernde Gestalt löste viele Diskussionen aus, da sie der traditionellen Vorstellung von Peter als Reformer und Sieger, Soldat und Seemann, Zimmermann und Schmied keineswegs entsprach. Doch je länger das Denkmal in der Festung stand, desto vertrauter wurde es den Petersburgern. Zar Peter betrachtet ruhig die lauten, wissbegierigen Touristen, sitzt den zahlreichen Fotographen Modell, ohne sich um die Kinder zu kümmern, die an ihm herumklettern und keine Angst mehr vor dem »ehernen Schatten« des ehemals furchteinflößenden Kaisers haben.

Die 1712–1732 nach dem Entwurf Domenico Trezzinis errichtete Peter-Paul-Kathedrale, ein Baudenkmal des sogenannten Peterschen Barock, veranschaulicht die für St. Petersburg so typische Vermischung von Traditionen westeuropäischer und altrussischer Kirchenbaukunst. Im Innern dieser Hallenkirche (alle russisch-orthodoxen Gotteshäuser sind Kreuzkuppelgebäude) findet man beispielsweise

1. Weiße Nacht. Blick auf die Peter-Paul-Festung von der Troizkij-Brücke

2. Eingang in die Peter-Paul-Festung

3. Blick vom Glockenturm der Peter-Paul-Kathedrale

4. Ioannowskij-Brücke und Ioannowskij-Tor

5. Peter-Tor. 1714–1718. Architekt Domenico Trezzini
Bildhauer Conrad Osner und Nicolas Pineau

4

5

einen vergoldeten holzgeschnitzten Ikonostas (dreitürige Bilderwand zwischen Gemeinde- und Altarraum), ein Attribut der russisch-orthodoxen Kirchen, aber auch eine geschnitzte Kanzel. Ungewöhnlich ist auch das Glockenspiel mit 35 Glocken. Der 122,5 Meter hohe Glockenturm mit einer vergoldeten Turmspitze, gekrönt von einer Wetterfahne in Form einer Engelsfigur, war seinerzeit das höchste Gebäude Russlands. Der in drei Schiffe eingeteilte Innenraum der Kathedrale ist als Paradesaal gestaltet. Der Hauptschmuck ist der von Domenico Trezzini und Iwan Sarudnyj entworfene Ikonostas (1722–1729), dessen Mittelteil an einen Triumphbogen erinnert, womit wieder auf den Sieg Russlands im Nordischen Krieg gedeutet wird. Die Üppigkeit und Erhabenheit dieser Ikonenwand, gepaart mit den zahlreichen Skulpturen, schaffen einen besonderen dekorativen Effekt. Der prunkvolle Baldachin hinter der »Zarenpforte« in der Mitte ist eine Nachahmung des Baldachins von Sankt Peter in Rom, eines Werks von Lorenzo Bernini.

6. Kuppel und Turmspitze der Peter-Paul-Kathedrale

7. Peter-Paul-Festung. Blick auf den Hauptplatz
Peter-Paul-Kathedrale. 1712–1733.
Architekt Domenico Trezzini
Bootshaus. 1762–1765. Architekt Alexander Wist

8. Kommandantenhaus. Memorialsaal

9. Denkmal für Peter den Großen. 1992.
Bildhauer Michail Schemjakin

7

8

9

11

In den 1830er Jahren wurde im rechten Schiff vor der Ikonenwand der Zarenplatz unter einem geschnitzten und mit silbergestickten Machtinsignien dekorierten Baldachin eingerichtet. Links davon befindet sich die Kanzel mit den Holzplastiken der Apostel Petrus und Paulus sowie der vier Evangelisten mit deren Attributen.

Die Peter-Paul-Kathedrale beherbergt die größte Sammlung von Ikonen aus der Petrinischen Epoche in Russland: Die Ikonenwand enthält 43 Bilder, die thematisch anders angeordnet sind, als es eigentlich in den russisch-orthodoxen Kirchen des 17. Jahrhunderts üblich war: Im rechten Teil erscheinen Männer- im linken Frauengestalten; einige der hier gezeigten Gestalten des Alten Testamentes wurden von der russisch-orthodoxen Kirche nicht kanonisiert, zum Beispiel der die Torflügel des Stadttores auf den Schultern tragende Simson (s. Buch der Richter, 16-3), die tapfere Jaël, die den Feind der Israeliten, den Feldhauptmann Sisera, tötete (Buch der Richter, 4-21), oder die schöne Batseba (1. Buch der Könige). Ungewöhnlich ist auch die »Zarenpforte«: Sie zeigt keine einzige Ikone.

10. Peter-Paul-Kathedrale. Zarenplatz und Kanzel

11. Peter-Paul-Kathedrale. Zarenplatz. Detail

12. Peter-Paul-Kathedrale. Innenansicht

13. Peter-Paul-Kathedrale Ikonenwand. 1722–1729
Nach dem Entwurf des Architekt Iwan Sarudnyj

14–16. Peter-Paul-Kathedrale. Ikonenwand.
Ikonen: *Batseba*; *St. Alexander Newskij*; *Zarewitsch Dmitrij*; *St. Wladimir* und *St. Konstantin*.
Mitte des 18. Jh. Maler Alexej Protopopow und Andrej Pospelow

10

12

13

14

15

16

17

18

19

20

Die Peter-Paul-Festung ist ein stummer Zeuge vieler historischer Ereignisse

Die Peter-Paul-Festung war nie Ziel von Kampfhandlungen. An der Wende vom 18. zum 19. Jahrhundert büßte sie ihre militärische Bedeutung endgültig ein. Bereits zu Beginn des 18. Jahrhunderts dienten ihre Kasematten auch als Kerker, in denen besonders wichtige politische Häftlinge gefangengehalten wurden, und gegen Ende des 18. Jahrhunderts verwandelte sich die Festung in ein politisches Gefängnis. Im Alexejewskij-Ravelin wurde 1718 der Sohn Peters des Großen, Zarewitsch Alexej, der sich an einer Verschwörung gegen seinen Vater beteiligt hatte, gefoltert (vermutlich in Anwesenheit des Vaters) und schließlich hingerichtet.

Mit den Kerkern der Peter-Paul-Festung sind viele traurige Geschichten verbunden. Im 19. Jahrhundert standen die Zellen der Bastionen und des unter Zar Paul I. gebauten »Geheimhauses« des Alexejewskij-Ravelins nie leer. Am 12. Dezember 1826 wurde im Kommandantenhaus das Todesurteil für die fünf Anführer des Dekabristen-Aufstandes – Konstantin Rylejew, Pawel Pestel, Sergej Murawjow-Apostol, Michail Bestushew-Rjumin und Pjotr Kachowskij – verlesen.

Im April 1849 wurde eine große Gruppe Revolutionäre des Petraschewskij-Kreises, darunter auch der 28-jährige Fjodor Dostojewskij, in die Peter-Paul-Festung gebracht. Zum Tode verurteilt, wurde er wenige Sekunden vor der Vollstreckung des Urteils zu vierjähriger Zwangsarbeit in Sibirien begnadigt.

Im ehemaligen Gefängnis der Trubezkoj-Bastion (1708–1714) ist heute ein Museum. Häftlinge, die hier geschmachtet haben, konnten das melodische Glockenspiel der Peter-Paul-Kathedrale hören. Die letzten Gefangenen der Trubezkoj-Bastion waren 1917–1919 die zwölf Minister der Provisorischen Bürgerlichen Regierung und einige Großfürsten. Sie alle wurden auf dem Gelände der Festung erschossen.

Im Innern der Kirche befindet sich das Mausoleum der russischen Kaiser. Als erster wurde hier Peter der Große beigesetzt. An seinem Grab kann man die Fahne der von ihm geschaffenen russischen Kriegsmarine sehen. Alle Grabmäler bis auf zwei sind aus weißem Marmor. Unter den beiden monolithischen Grabsteinen aus grünem Jaspis und rosa Rhodonit ruhen Alexander II., der 1861 die Leibeigenschaft abgeschafft hat, und seine Frau, Maria Alexandrowna. 1998 wurden in der Peter-Paul-Kathedrale die sterblichen Überreste des letzten russischen Zaren, Nikolaus II., und seiner Familie beigesetzt, die 1918 in Jekaterinburg erschossen worden waren.

17. Zar Nikolaus II. Foto

18. Zarin Alexandra Fjodorowna. Foto

19. Peter-Paul-Kathedrale. Grabmäler Peters des Großen, Katharinas I. und Elisabeth Petrownas. 1865. Architekt Auguste Poiraux

20. Peter-Paul-Kathedrale. Grabmal des letzten russischen Zaren Nikolaus II. und seiner Familie

21. Peter-Paul-Kathedrale. Katharinen-Kurtine. 1710–1727. Architekt Domenico Trezzini
Newa-Tor. 1784–1787. Architekt Nikolaj Lwow

22. Engelfigur auf der Spitze der Peter-Paul-Kathedrale →

23

Wassiljewskij-Insel

Einhundert Jahre lang befand sich hier die Hauptanlegestelle des Petersburger Hafens. Am Anfang des 19. Jahrhunderts wurde er südwestlich versetzt, auf der Landspitze der Wassiljewskij-Insel aber entstand ein feierlich-majestätisches Bauensemble. Den Mittelpunkt der Gesamtkomposition bildet der »russische Parthenon«, das Gebäude der ehemaligen Börse, bei dem es sich um eine Nachbildung des griechischen Tempels in Paestum handelt. Auf dem Platz vor der Börse erheben sich zwei monumentale Rostrasäulen, geschmückt mit Schiffsschnäbeln, die von den Römern »Rostra« genannt wurden. Am Fuß der Säulen sind allegorische Darstellungen von vier russischen Wasserstraßen: der Newa, des Wolchow, der Wolga und des Dnjepr. Die Fackeln auf den Säulen leuchten nicht mehr den Seeleuten, die an dunklen Herbstabenden ihre Schiffe eilig abluden, heute werden sie nur an Festtagen als Illumination angezündet. Die Landspitze der Wassiljewskij-Insel zerschneidet die Wellen der Newa gleich einem großen Schiff, das in den von den vergoldeten

Turmspitzen der Admiralität und der Peter-Paul-Kathedrale flankierten Hafen einläuft.
1724–1734 baute Domenico Trezzini auf der Wassiljewskij-Insel, fast direkt am Newa-Ufer, das prachtvolle Gebäude der Zwölf Kollegien, das erste große Amtsgebäude der Stadt. Es war für zwölf Ministerien bestimmt, was sich natürlich in seiner originellen architektonischen Gestalt niederschlug. Seit 1819 befindet sich hier die Petersburger Universität. Aus derselben Zeit stammt auch die Kunstkammer, das erste Museum des Landes (heute das Museum für Ethnographie und Anthropologie »Peter der Große«). In der zweiten Hälfte des 18. Jahrhunderts entsteht zwischen dem Gebäude der Zwölf Kollegien und der Kunstkammer ein weiteres imposantes Bauwerk: die Akademie der Wissenschaften (Heute Institut für Sprachkunde, 1783–1789, Architekt Giacomo Quarenghi).

23. Newa und Wassiljewskij-Insel

26

27

28

29

←
24. Ansicht der Peter-Paul-Festung von der Landspitze der Wassiljewskij-Insel

←
25. Landspitze der Wassiljewskij-Insel

26. Kriegsmarine-Museum in der ehemaligen Börse. 1805–1816. Architekt Jean- François Thomas de Thomon

27. Kriegsmarine-Museum. Ausstellungssaal

28. Universitäts-Kai von der Admiralität gesehen. Das Gebäude der Akademie der Wissenschaften. 1783–1789. Architekt Giacomo Quarenghi
Kunstkammer. 1718–1734. Architekten Georg Mattarnovy, Gaetano Chiaveri und Michail Semzow

29. Institut für russische Literatur (»Puschkin-Haus«) im ehemaligen Zollamt (1829–1832. Architekt Giovanni Luchini)

30. Rostra-Säule. 1805–1810. Bildhauer Georges Camberlain und François Thibault
1810. Architekt Jean- François Thomas de Thomon

31

32

33

Menschikow-Palais

Auf der Wassiljewskij-Insel befindet sich das erste Steingebäude der Stadt, ein Denkmal des Petrinischen Barock: das Menschikow-Palais, das dem nächsten Mitstreiter und Freund Peters des Großen, Alexander Menschikow, gehörte. Das unmittelbar am Newa-Ufer gelegene Palais hatte seine eigene Anlegestelle. Da es damals das einzige Palais in der Stadt war, wurden darin feierliche Empfänge der Botschafter und die berühmten Peterschen Assembleen veranstaltet, auf denen der Zar den von Moskau nach St. Petersburg zwangsweise übersiedelten Bojaren (nichtfürstliche Adelige) und ihren Familien europäische Umgangsformen beibrachte. Nach dem Tod des ersten russischen »Imperators« im Jahre 1725 gestaltete sich Menschikows Schicksal tragisch: Seines Amtes enthoben und degradiert, wurde der einst einflussreichste Mann im Staat mit Frau und Kind nach Sibirien verbannt, wo er bald starb. Sein Palais, wie auch sein ganzes riesiges Vermögen, wurde beschlagnahmt. Zur Zeit gehört das Gebäude zur Ermitage.

31. Menschikow-Palais. 1710–1727. Architekten Giovanni Fontana und Gottfried Schädel

32. Unbekannter Künstler des 18. Jahrhunderts
Porträt Alexander Menschikow

33. Menschikow-Palais. Der Große Saal

34

35

36

37

Akademie der Künste

Der Klassizismus in der Architektur St. Petersburgs trat erstmalig im Gebäude der Akademie der Künste deutlich zutage, das aus dem Panorama des Universitäts-Kais nicht wegzudenken ist. Es wurde nach der Gründung der Akademie im Jahre 1757 errichtet. Die Akademie der Künste in St. Petersburg ist die erste Lehranstalt dieser Art in Russland, in ihr erhalten noch heute viele Maler, Bildhauer und Architekten eine solide Berufsausbildung.
Im ersten Drittel des 19. Jahrhunderts gestaltete der Architekt Konstantin Thon den Granitabstieg zur Newa vor dem Gebäude der Akademie. Seit 1834 schmücken diesen Abstieg zwei Sphinxe mit Gesichtszügen Amenhoteps III. (1402–1364 v.Chr.), eines der vier ägyptischen Könige der 18. Dynastie.

34. Universitäts-Kai. Anlegestelle vor der Akademie der Künste. 1832–1834. Architekt Konstantin Thon. Sphinx. Ägypten. 13. Jh. v. Chr.

35. Rumjanzew-Obelisk im Rumjanzew-Garten. 1799. Architekt Vincenzo Brenna. Bildhauer Pierre-Louis Agie

36. Akademie der Künste. 1764–1788. Architekten Alexander Kokorinow unter Teilnahme von Jean-Baptiste Vallin de La Mothe

37. Saal des Museums der Akademie der Künste

38

39

40

41

Die Wassiljewskij-Insel ist die Seepforte St. Petersburgs

Der Überfluss an Wasser, der unendliche Himmel über den flachen öden Ufern waren tonangebend für die architektonische Raumgestaltung der Wassiljewskij-Insel und bedingten die Eigenart der Bebauung dieses Stadtbezirks. Hier herrscht auch wegen der Nähe zum Finnischen Meerbusen eine ganz besondere Atmosphäre: Unterhalb der Blagowestschenski-Brücke legen sich Fracht-, Öl- und Kreuzfahrtschiffe aus fernen Ländern an die Wassiljewskij-Insel und den Englischen Kai. Ab und zu überwintert hier auch einer der wenigen erhalten gebliebenen großen Segler. Manchmal, wenn St. Petersburg zu einer der Finishstationen der internationalen Regatta »Cutty Sark« wird, bevölkern ganz viele Segelschiffe die Newa, und vor den Fassaden der Paläste an den Kais ersteht dann ein dichter Wald aus Mast- und Takelwerk.

38. Ansicht der Blagowestschenski Brücke und der Englischen Uferstraße

39. Leutnant-Schmidt-Kai. Denkmal für Admiral Iwan Krusenstern. 1873. Bildhauer Iwan Schröder

40. Schloss-Brücke bei Nacht

41. Internationale Regatta »Cutty Sark« in St. Petersburg

42

43

Bergbau-Institut St.-Andreas-Kathedrale

Die Wassiljewskij-Insel wurde nicht zum Stadtzentrum St. Petersburgs, wie Peter der Große es wollte, da die breite und unruhige Newa ein ernsthaftes Hindernis darstellte und die Verbindung der Insel mit dem Festland wesentlich erschwerte. Aber die in der Erschließung der Insel angelegte und zum Teil verwirklichte städtebauliche Idee wurde dem gesamten Bauprogramm St. Petersburgs zu Grunde gelegt.

Die Wassiljewskij-Insel stellt ein eigenartiges Denkmal des 18. Jahrhunderts dar. Sie entspricht wie kein anderer Stadtteil dem Peterschen städtebaulichen Plan für St. Petersburg. Nicht nur Staatseinrichtungen und Kirchen, sondern auch viele Wohnhäuser behielten ihr ursprüngliches architektonisches Antlitz. Besonders bemerkenswert ist die St.-Andreas-Kathedrale (1764–1779, Architekt Alexander Wist) an der Kreuzung des Bolschoj-Prospekts mit der 6. Linie. Sie birgt einen kostbaren holzgeschnitzten vergoldeten Ikonostas. Der Heilige Andreas, einer der zwölf Apostel, der zusammen mit seinem Bruder Petrus zu den ersten Jüngern Jesu zählte, gehört zu den beliebtesten Heiligen in Russland. Nach Berichten alter Kirchenschriftsteller soll er nach Predigten in Südrussland und auf dem Balkan in Patras (Griechenland) an einem X-förmigen Kreuz (daher »Andreaskreuz«) den Märtyrertod gefunden haben. Peter der Große stiftete den Orden des Heiligen Andreas, die höchste Staatsauszeichnung, die außer Zaren und deren Thronfolgern nur hohen Würdenträgern für besonders große Verdienste am Vaterland verliehen wurde.

Das Panoramabild der Ufer der Wassiljewskij-Insel wird von der majestätischen Fassade des Bergbauinstituts abgeschlossen. Dieses Bauwerk ist eine architektonische Dominante an der Seepforte der Stadt; seine Komposition, vor allem der grandiose achtsäulige Portikus, kommt aus einer gewissen Entfernung, vom Fluss aus, besonders gut zur Geltung. Während beispielsweise die strengen, lapidaren Formen der Akademie der Wissenschaften, der gewaltige 8-Säulen-Portikus und die für St. Petersburg so charakteristische zweiläufige Paradetreppe eine Vorstellung über den klassizistischen Stil der zweiten Hälfte des 18. und des frühen 19. Jahrhunderts vermitteln, stellt das Bergbauinstitut ein Denkmal des späten Klassizismus dar, für den eine Synthese von Architektur und Bildhauerei bezeichnend ist. Die Treppe

44

schmücken zwei Skulpturengruppen, die den Zweck des Gebäudes verdeutlichen: *Pluto raubt Proserpina* (1809–1811, Bildhauer Wassilij Demut-Malinowskij) rechts und *Herakles und Antaios* (1809–1811, Bildhauer Stepan Pimenow) links. Der Charakter der schweren, jedoch ausdrucksstarken Plastiken steht im Einklang mit den schweren dorischen Formen.
Das Bergbauinstitut hat ein Museum, in dem man eine einzigartige Sammlung der Mineralogie sehen kann. Diese im Laufe von fast dreihundert Jahren entstandene Kollektion zählt ca. 15.000 Exponate: Edel- und Halbedelsteine sowie Erzeugnisse aus verschiedenen Mineralien. Besonders sehenswert ist der 1.504 kg schwere Malachitblock, den Katharina II. dem Museum schenkte.
Vor dem Bergbauinstitut liegt der berühmte Eisbrecher »Krasin« vor Anker, der in den 1930er Jahren an der Rettung der Expedition Umberto Nobiles teilnahm. Heute befindet sich an Bord des Schiffes ein Museum. Vom Portikus des Instituts öffnet sich ein

42. Bergbau-Institut.1806–1811.
Architekt Andrej Woronichin

43. St.-Andreas-Kathedrale. 1764–1780.
Architekt Alexander Wist

44. Landspitze der Wassilijewskij-Insel
vom Schloss-Kai gesehen

45. Landspitze der Wassiljewskij-Insel
und Peter-Paul-Festung

47

48

weiter Blick auf die Anlagen der Baltischen Schiffswerft.
Seit 1712, nach dem Ukas über die Überführung des Zarenhofes von Moskau nach St. Petersburg, wurden die Bauarbeiten in der neuen Metropole nach einem vorher aufgestellten Plan durchgeführt. Den Stadtkern sollte ursprünglich die Wassiljewskij-Insel bilden. Zar Peter, dem es Amsterdam besonders angetan hatte, wollte in seiner neuen Metropole stets an die Stadt seiner Träume erinnert werden. Er ließ deswegen ein ganzes Netz von Kanälen schaffen und dadurch den sumpfigen Boden trockenlegen, doch wurde diese Arbeit nicht abgeschlossen; die ausgehobenen Kanäle hat man später wieder zugeschüttet. Vom Westen durchziehen der Bolschoj-, Srednij- und

49

Malyj-Prospekt (Allee) die Wassiljewskij-Insel, die von 31 Linien gekreuzt werden.
Die Wassiljewskij-Insel ist reich an jahrhundertealten Traditionen. Dieser Stadtteil entwickelte sich bereits unter Peter dem Großen zu einem Kunst- und Wissenschaftszentrum, in dem bis heute geforscht, gelehrt und geschaffen wird.

←
46. Blick vom Glockenturm der Peter-Paul-Kathedrale
47. Weiße Nacht. Blick auf die Newa vom Dach des Winterpalastes
48. Weiße Nacht. Schlossbrücke
49. Weiße Nacht. Blagowestschenski-Brücke
50. Blick auf den Englischer Kai
51. Panoramabild der Großen Newa

50

51

53

54

55

Admiralität

Seit 1704 begann auf der zwischen Newa und Mojka gelegenen Admiralitäts-Insel der Bau einer Schiffswerft. Den Bauplan hatte Zar Peter eigenhändig ausgearbeitet. Neben der Peter-Paul-Festung bildete die Admiralität die Grundlage der Stadtplanung.
In den 30er Jahren des 18. Jahrhunderts wüteten hier im Sommer verheerende Feuersbrünste, die alle Siedlungen um die Admiralität herum völlig vernichteten. Doch diese Notlage trug zur Entstehung neuer städtebaulicher Pläne bei, die mit dem Namen des talentierten Architekten Pjotr Jeropkin verbunden sind. Jeropkin arbeitete das Dreiachsensystem der Bebauung aus – den sogenannten Newa-Dreizack: Die Admiralität bildet den Schnittpunkt der drei großen Alleen – des Newskij- und Wosnessenskij-Prospekts und der Gorochowaja-Straße –, die strahlenförmig aus dem Zentrum hinausführen.
Am Anfang des 19. Jahrhunderts nahm Andrejan Sacharow, ein bedeutender Vertreter des Klassizismus, eine grundlegende Rekonstruktion der Admiralität vor. Er vergrößerte den Hauptbau wesentlich und schmückte ihn mit monumentalen dekorativen Plastiken. Das neue Admiralitätsgebäude (1806–1823) sollte ein Denkmal der russischen Flotte sein, deswegen wurde die Haupteinfahrt als Triumphbogen gestaltet. Das Motiv eines breiten Torbogens wiederholte der Architekt in den beiden symmetrisch angelegten Pavillons an der Newa-Seite.
Dem Skulpturenschmuck kommt in der Gesamtkomposition der Admiralität ein besonderer Platz zu. Links und rechts des halbrunden als Triumphbogen interpretierten Torbogens des Mittelbaus sieht man Skulpturen des Bildhauers Feodosij Stschedrin: jeweils drei weibliche Figuren, die den Erd- und Himmelsglobus tragen (1812) und darauf hindeuten sollten, dass die russische Flotte nun alle Meere und Ozeane der Erde befahren könne. An der Attika über dem Torbogen erscheint das 22 Meter lange Basrelief *Die Entstehung der russischen Flotte* (1812, Bildhauer Iwan Terebenjow).

←
52. Ansicht des Admiralitätsgebäudes
53. Hauptgebäude der Admiralität. Mittelturm
54. Schiff auf der Turmspitze der Admiralität
55. Admiralitäts-Kai. Ostpavillon der Admiralität
56. Hauptgebäude der Admiralität. 1806–1819. Architekt Andrejan Sacharow

57

58

Senatsplatz

Die Admiralitätswerft grenzte schon immer an zwei Plätze – den Schloss- und den Peterplatz. Als im ersten Viertel des 19. Jahrhunderts das Gebäude für den Senat und die Synode errichtet wurde, bekam der Peterplatz den Namen Senatsplatz. Die beiden mit einem herrlichen Torbogen verbundenen Gebäudeteile bilden eine ganzheitliche architektonische Komposition.
Lange Zeit trug der Platz im Gedenken an ein bemerkenswertes Ereignis der russischen Geschichte den Namen Dekabristenplatz. Am 14. Dezember 1825 hatten sich zu Füßen des Ehernen Reiters aufständische Regimenter aufgereiht. Die Truppen wurden zusammengeschossen und der Aufstand niedergedrückt.
Die Bilder und Symbole des Senatsplatzes gingen in die Geschichte Petersburgs ein und wurden Teil des »Petersburger Mythos«.

57. St. Petersburg aus der Vogelperspektive gesehen
58. Die Newa von der Schlossbrücke gesehen
59. Senatsplatz im Winter

59

61

Denkmal für Peter den Großen (»Der Eherne Reiter«)

Im letzten Viertel des 18. Jahrhunderts trug der Senatsplatz den Namen Peters des Großen, da hier 1782 das erste Reiterstandbild in St. Petersburg – das von Puschkin in seinem Poem »Der eherne Reiter« verewigte Denkmal für Zar Peter – aufgestellt wurde. Mit dem »ehernen Reiter« schuf der Franzose Etienne-Maurice Falconet sein Lebenswerk. Das Denkmal bildet das Kompositionszentrum des Platzes, sein ausdrucksstarkes Profil wird aus einer beliebigen Entfernung und vom beliebigen Blickpunkt leicht erkannt. Dieses Reiterstandbild stellt ein plastisches Symbol einer ganzen historischen Epoche dar.

←
60, 62. Denkmal für Peter den Großen (»Der Eherne Reiter«). 1782.
Bildhauer Etienne-Maurice Falconet

←
61, 63. Senatsplatz

64. Der Senat und der Heilige Synod. 1829–1836.
Architekt Carlo Rossi

62

63

64

65

Isaaksplatz

Den wunderschönen Hintergrund des Senatsplatzes, dieser historischen »Bühne«, auf der heute die einzige handelnde Person, Peter der Große zu Pferde, einsam wacht, bildet die majestätische Isaak-Kathedrale, eine der wichtigsten architektonischen Dominanten der Stadt. Ihren Namen führt sie nach dem byzantinischen Mönch Isaak von Dalmatien, der als Schutzpatron Peters des Großen galt. Gleichzeitig mit der Errichtung der Kathedrale begann die Umgestaltung des Isaaksplatzes, der nach und nach die heutigen, jedem Petersburger so vertrauten Züge bekam.

Bereits im ersten Drittel des 18. Jahrhunderts baute August Montferrand östlich der Kathedrale das riesige Palais des Fürsten Lobanow-Rostowskij in Form eines regelmäßigen Dreiecks, das die Fläche eines ganzen Häuserblocks einnimmt und dessen dem Isaaksplatz und dem Admiralitätsboulevard zugewandte Fassaden imposante Portiken schmücken.

An der Ostseite des Platzes befinden sich das am Schnittpunkt der Bolschaja-Morskaja-Straße und des Wosnessenskij-Prospekts gelegene Hotel »Astoria« (1912, Architekt Fjodor Lidwal), in dem die Oberen der deutschen Truppen 1941 die Einnahme der Stadt feiern wollten (es sollen sogar bereits Eintrittskarten verteilt worden sein!), und das Hotel »Angleterre«, in dem 1925 der exzentrische russische Dichter Sergej Jessenin unter sehr rätselhaften Umständen starb, nachdem er ein Abschiedsgedicht mit seinem eigenen Blut geschrieben hatte.

In den 1840er Jahren wurde der Isaaksplatz erweitert. An Stelle von fünf Wohnhäusern in der Bolschaja-Morskaja-Straße baute Nikolaj Jefimow zwei gleiche, symmetrisch angelegten Gebäude für ein Ministerium, die heute die Forschungsinstitute der Akademie für Landwirtschaft beherbergen. Am äußersten Südende des Platzes führt die »Blaue Brücke« über die Mojka; ihre Besonderheit besteht darin, dass sie breiter (97,3 Meter breit) als lang ist. Von dort gelangt man zum Marien-Palais.

65. Isaak-Platz
Denkmal für Nikolaus I. 1856–1859
Bildhauer Pjotr Klodt. Architekt Auguste Montferrand
Isaak-Kathedrale. 1818–1858.
Architekt Auguste Montferrand

66. Isaak-Kathedrale →

67

68

Isaak-Kathedrale

Die Isaak-Kathedrale wurde vierzig Jahre lang (1818–1858) nach dem Entwurf August Montferrands gebaut. Die Errichtung des gewaltigen, 101,5 Meter hohen und somit viertgrößten Kuppelgebäudes der Welt (nach dem St. Peter in Rom, St. Paul in London und Santa Maria del Fiore in Florenz), erforderte enorme Geldsummen und gigantische Leistungen von Hunderttausenden Arbeitern.
In Übereinstimmung mit griechischen Kanons weist die Kathedrale eine große Kuppel in der Mitte und vier kleine an den Ecken auf. Innen und außen schmücken das Gebäude zahlreiche Skulpturen und Reliefs. Das Interieur der Isaak-Kathedrale beeindruckt durch die üppige Vergoldung, eine Vielfalt der Marmorarten und eine Fülle von Malereien und Mosaiken. Eine besondere Rolle kommt hier dem Zusammenspiel der verschiedenfarbigen Marmorarten, der Halbedelsteinen und der vergoldeten Details zu.
An der Ausgestaltung der Isaak-Kathedrale beteiligten sich herausragende Künstler des 19. Jahrhunderts: Karl Brüllow, Fjodor Bruni, Pjotr Bassin, Iwan Vitali u.a. Die meisten der hier heute befindlichen Mosaike sind wahre Meisterwerke, einige davon wurden auf der internationalen Ausstellung in London im Jahre 1862 ausgezeichnet.

67. Isaaksplatz

68. Isaak-Kathedrale. Mittelschiff

70

71

72

69. Isaak-Kathedrale. Buntglasfenster *Himmelfahrt Christi*. 1841–1843. Nach der Skizze von Heinrich Maria Hess

70. Isaak-Kathedrale. Engel mit Leuchte. Skulpturgruppe an der Ecke der Attika

71. Isaak-Kathedrale. Ikonenwand. Mosaikbild *Die Heilige Katharina*. 1868–1880. Nach der Skizze von Timoleon Neff

72. Isaak-Kathedrale. Ikonenwand. Mosaikbild *Der Heilige Nikolaus von Myra*. 1855–1862. Nach der Skizze von Timoleon Neff

73. Isaak-Kathedrale. Interieur →

76

77

←
74. Isaak-Kathedrale. Hauptkuppel

←
75. Isaak-Kathedrale. Ikonenwand

76. *Sonne, Mond und Sterne mit einer Gruppe Engel.* Künstler Fjodor Bruni

77. *Das jüngste Gericht.* Künstler Fjodor Bruni

78. Trommel der Hauptkuppel und westlicher Teil der Gewölbe des Hauptschiffes

79. Turmspitze der Admiralität, Kuppel der Isaak-Kathedrale und Engelsfigur auf der Turmspitze der Peter-Paul-Kathedrale →

80. Blick von der Peter-Paul-Kathedrale zur Admiralität und zur Isaak-Kathedrale →

78

9

81

82

Marienpalais

Eine der Sehenswürdigkeiten des Isaaksplatzes ist das Marien-Palais (1839–1844, Architekt Andrej Stakenschneider), das Nikolaus I. seiner Tochter, Großfürstin Maria Nikolajewna, zu deren Hochzeit schenkte. Stakenschneider gestaltete das alte, von Jean-Baptiste Vallin de La Mothe errichtete Gebäude um und versah die Hauptfassade mit einer offenen Arkade. An Pracht und Herrlichkeit der Innenausstattung steht das Marien-Palais den schönsten Bauwerken St. Petersburgs nicht nach. Heute befindet sich im Palais das Stadtparlament.
1859 wurde auf dem Isaaksplatz das Denkmal für Nikolaus I. enthüllt (Bildhauer Pjotr Klodt). Dieses einzigartige Reiterstandbild von 6 Metern Höhe auf nur zwei Stützpunkten – den Hinterbeinen des Pferdes – gehört zu den besten Werken des Bildhauers. Die elegante und dynamische Silhouette des Reiters in der Uniform der berittenen Garde ist auf dem Platz von überall gut zu sehen. Die Frauengestalten am Sockel, denen die Bildhauer, Nikolaj Romasanow und Robert Salemann, eine Porträtähnlichkeit mit der Frau und den Töchtern des Zaren gaben, stellen Allegorien der christlichen Tugenden dar. Sie symbolisieren den Glauben, die Weisheit, die Gerechtigkeit und die Stärke.
Den Isaaksplatz überquert die Bolschaja-Morskaja-Straße. In der Mitte des 19. Jahrhunderts wurden viele Häuser in dieser Straße umgebaut, und um die Jahrhundertwende erhielt sie wegen der vielen Banken und Kontore sogar den zweiten Namen: »Petersburger City«.

81. Marienpalais. 1839–1844.
Architekt Andrej Stakenschneider

82. Timoleon von Neff. 1805–1876
Porträt der Großfürstin Maria Nikolajewna. 1850–1860

83. Marienpalais. Palastkirche St. Nikolaus von Myra

84. Marienpalais. Der Rote Saal

83

84

86

Schlossplatz

Seinen Namen erhielt der Schlossplatz erst in der Mitte des 18. Jahrhunderts, als an dessen Nordseite, am Newa-Ufer, der Winterpalast, die Hauptresidenz der russischen Zaren seit 1763 bis 1917, errichtet wurde. Der Winterpalast, dieses riesige Bauwerk von atemberaubender Schönheit, ist ein bedeutendes Denkmal des russischen Barock. Er stellt im Grundriss ein geschlossenes Viereck mit einem großen Ehrenhof, in den man vom Schlossplatz durch das wunderschöne schmiedeeiserne Tor gelangt. Eine Fülle von Säulen und Pilastern, dekorative Plastiken in Form von Frauengestalten und Vasen auf dem Dach, die schmucken, vielfältigen Fenster, die Risalite, die die langen Fassaden beleben, und die üppige Vergoldung – das alles gibt dem Gebäude Festlichkeit.

Heute ist der Palast eines der fünf Gebäude der Ermitage, die sich auf dem Schlossplatz befinden. 1764 befahl Katharina II., um ihre sich schnell vergrößernden Kunstsammlungen unterzubringen, ein neues Gebäude zu bauen, und so entstand 1764–1775 neben dem Winterpalast die Kleine Ermitage. Die Hauptfassade dieses aus zwei Teilen bestehenden Denkmals des frühen Klassizismus ist der Newa zugekehrt und wurde von Jean-Baptiste Vallin de La Mothe gestaltet. Den Entwurf für das andere, in der Millionnaja-Straße gelegene zweistöckige Gebäude lieferte Jurij Velten, der auch die beiden Flügel durch den Hängenden Wintergarten in der Höhe des ersten Stocks miteinander verband. Der Kleinen Ermitage folgte sehr bald die Alte Ermitage (1771–1787,

←
85. Blick auf den Winterpalast und andere Gebäude der Staatlichen Eremitage

86. Schloss-Kai. Winterpalast. 1754–1762.
Architekt Francesco Bartolomeo Rastrelli

87. Schlossplatz

88

89

Architekt Jurij Velten), deren Name in der Mitte des 19. Jahrhunderts nach der Errichtung der Neuen Ermitage (1839–1852, Architekt Leo von Klenze) aufkam. Dieses neue, mit dem monumentalen Atlanten-Portikus verzierte Gebäude wurde 1852 zum ersten öffentlichen Kunstmuseum des Landes. Die zehn monolithischen Granit-Atlanten sind ein Werk des Bildhauers Alexander Terebenjow.

Neben den Gebäuden, in denen verschiedene Kunstausstellungen untergebracht sind, gehört seit der zweiten Hälfte des 18. Jahrhunderts das Ermitage-Theater zum Baukomplex der Ermitage (1783–1787, Architekt Giacomo Quarenghi).

Als Gründungsdatum der Ermitage gilt das Jahr 1764, als Katharina II. die aus 225 Bildern bekannter westeuropäischer Künstler bestehende Sammlung Johann Ernst Gotskowskis erwarb. Heute, nach über zwei Jahrhunderten, zählt die Ermitage-Sammlung ca. 3 Millionen Exponate.

88. Winterpalast. Paradetreppe. 1754–1762. Architekt Francesco Bartolomeo Rastrelli; 1838–1839 von Wassilij Stassow wiederhergestellt

89. Fjodor Rokotow. 1730er–1808
Porträt Katharina II. Ende der 1770er Jahre

90

91

92

93

90. Winterpalast. Peter-Saal (Kleiner Thron-Saal)

1833. Architekt Auguste Montferrand;
1842 von Wassilij Stassow wiederhergestellt

91. Carl Fabergé. Machtinsignien der russischen Zaren.
1900. Gold, Brillianten, Perlen, Saphir und Spinelle

92. Winterpalast. Malachit-Gastzimmer.
Ende der 1830er – Anfang der 1840er Jahre.
Architekt Alexander Brüllow

93. Winterpalast. St.-Georg-Saal (Großer Thron-Saal).
1795. Architekt Giacomo Quarenghi;
1842 von Wassilij Stassow wiederhergestellt

Säle der Ermitage

Während der Wiederherstellungsarbeiten im Winterpalast nach dem Brand von 1837, der fast alles außer den Wänden zerstört hatte, wurden die meisten Interieurs entsprechend der neuen Mode gestaltet. Die prachtvolle barocke *Paradetreppe* aber erhielt ihr ursprüngliches Aussehen zurück. Die gewaltigen monolithischen Granitsäulen, das riesige Deckengemälde, die allegorischen Plastiken, die zahlreichen vergoldeten Stuckverzierungen und Spiegel entsprechen durchaus dem Zweck dieses Raumes: den Eindruck einer außergewöhnlichen Pracht und Herrlichkeit zu erzeugen und somit die Macht und den Reichtum des Russischen Reiches zu repräsentieren.
Der *St.-Georg-Saal* oder der *Große Thron-Saal* (1795, Architekt Giacomo Quarenghi) wurde von Wassilij Stassow 1842 wiederhergestellt. Der 800 Quadratmeter große Saal fasziniert durch seine

94

95

96

majestätische Feierlichkeit. An der Stirnwand vor dem Thron erscheint ein Marmor-Basrelief mit der Darstellung des Heiligen Georg. Der Parkettfußboden ist aus 16 Holzarten eingelegt.
Der 1842 von Stassow wiederhergestellte *Peter-Saal*, auch der *Kleine Thron-Saal* genannt (1833, Architekt August Montferrand), wurde dem Andenken Peters des Großen gewidmet. Er war für kleine Empfänge bestimmt. Die Wände hier sind mit rotem Samt bespannt und mit Silberstickereien dekoriert. In der großen Nische auf einem Podium sieht man einen vergoldeten Thronsessel aus Silber und Holz. Das Bild dahinter stellt Peter den Großen mit Minerva, der Göttin der Weisheit, dar (1730er Jahre, Jacopo Amiconi).
Eines der prachtvollsten Interieurs des Winterpalastes ist das *Malachit-Gastzimmer* (Architekt Alexander Brüllow). Die vergoldeten bronzenen Basen und Kapitelle der Malachitsäulen harmonieren effektvoll mit der Vergoldung der Türen und Deckenornamente. Die Wandmalerei an der Südwand des Zimmers – allegorische Figuren, die die Nacht, den Tag und die Poesie versinnbildlichen –, stammt von Antonio Vighi. Originell ist ihre Ausführungstechnik: Sie wurden auf Kaliko (glatter Baumwollstoff) gemalt und auf den Kunstmarmor der Wand geklebt.

Die *Raffael-Loggien* (1783–1792, Architekt Giacomo Quarenghi) sind eine genaue Kopie der Galerie im Palast des Papstes im Vatikan, die zu Beginn des 16. Jahrhunderts nach dem Entwurf Bramantes errichtet und von den Schülern des großen Raffael nach dessen Zeichnungen und unter dessen Anleitung ausgemalt wurde. Die direkt im Vatikan auf Leinwand kopierten Fresken wurden nach St. Petersburg gebracht und auf die Wände und Gewölbe der Galerie appliziert.

Im *Pavillon-Saal* (1850–1858, Architekt Andrej Stakenschneider) der Kleinen Ermitage vertragen sich durchaus harmonisch Elemente der Renaissance, des Klassizismus und des maurischen Stils. Das vorherrschende Weiß, die großartigen Kristallkronleuchter, die vier nach dem Muster der Fontäne im Khan-Palast von Bachtschissaraj auf der Krim gestalteten Tränenbrunnen und das große Fußbodenmosaik – eine 1847–1851 von russischen Künstlern angefertigte Kopie eines altrömischen Mosaiks, das 1780 bei archäologischen Grabungen gefunden worden war –, sowie eine kostbare Sammlung von Mosaiktischplatten aus dem 18. und 19. Jahrhundert machen den Saal zu einem der markantesten Interieurs der Ermitage.

Im Pavillon-Saal ist eine besondere Sehenswürdigkeit zu bewundern: die vom englischen Mechaniker des 18. Jahrhunderts James Coxe angefertigte »Pfauenuhr«. 1780 erwarb der Fürst Grigorij Potjomkin diese Kuriosität, um sie Katharina II. zu schenken. Die Uhr kam allerdings in auseinandergenommenem Zustand und konnte erst viel später, 1792, von dem berühmten russischen Mechaniker Iwan Kulibin zusammengebaut werden. Das Zifferblatt befindet sich im Hut eines Pilzes vor dem Baumstumpf, auf dem der Pfau sitzt. Wenn die Uhr schlägt, schlägt der Pfau sein Rad, die Eule im Käfig dreht den Kopf und blinzelt mit den Augen, der Hahn kräht.

97

98

99

94. Kleine Ermitage. Pavillon-Saal. 1850–1858. Architekt Andrej Stakenschneider

95. Kleine Ermitage. Hängender Garten. Springbrunnen. Mitte des 19. Jh. Bildhauer Felice de Fovo

96. Kleine Ermitage. Pavillon-Saal. Nische

97. Pavillon-Saal. *Pfauenuhr*. Zweite Hälfte des 18. Jh. Mechaniker James Coxe

98, 99. Pfauenuhr. Details

101

Die Antike und die primitive Kunst

Im Erdgeschoss der Neuen Ermitage ist die Sammlung der antiken Kunst untergebracht. Besonders wertvoll sind die römischen plastischen Porträts, dekorative Skulpturen, Meisterwerke der antiken Glyptik und Juweliererzeugnisse aus den Grabhügeln im Norden der Schwarzmeerregion sowie die bemalten keramischen Vasen. Zu den schönsten Werken der antiken Kunst in der Ermitage zählt die *Taurische Venus*, eine im 2. Jahrhundert v.Chr. angefertigte römische Kopie eines griechischen Originals aus dem 3. Jh. v.Chr. Die verlängerten Proportionen, der kleine graziöse Kopf auf einem schlanken Hals entsprechen vollkommen dem antiken Ideal der Schönheit: Die innere Welt und das Äußere bilden hier ein harmonisches Ganzes.

In der Sonderschatzkammer der Ermitage werden einige Tausend während der arhäologischen Grabungen im Süden Russlands gefundene Erzeugnisse aus Edelmetallen und Edelsteinen aus verschiedenen Epochen, darunter der Skythen-Goldschatz, aufbewahrt. Dazu gehören auch Gegenstände aus der Sibirischen Sammlung Peters des Großen. Besonders interessant sind Denkmäler der skythischen Kultur des 7. bis 3. Jahrhundert v.Chr., vor allem der Kamm aus dem Hügelgrab Solocha bei Nikopol (4. Jh. v. Chr.), der kleine goldene Hirsch aus dem Hügelgrab bei der Siedlung Kostromskaja (7.–6. Jh. v. Chr.), der den Schild eines skythischen Fürsten geschmückt haben kann, denn solche Tierdarstellungen hatten in ihren Augen magische Bedeutung, und die Fibel *Panther* (Sibirien, asiatischer Teil Skythiens, 7.–6. Jh. v.Chr.).

102

103

104

100. *Taurische Venus*. Römische Kopie eines griechischen Originals aus dem 3.–2. Jh. v. Chr.

101. Kamm aus dem Hügelgrab Solocha bei Nikopol. 4. Jh. v. Chr.

102. Weissgrundige Lekythos *Artemis mit dem Schwan*. Anfang des 5. Jh. v. Chr. Attika. Meister des Pan

103. Neue Ermitage. Zwanzigsäulen-Saal. 1842–1851. Architekt Leo von Klenze

104. Hirsch aus dem Hügelgrab bei der Siedlung Kostromskaja im Nordkaukasus. 7.–6. Jh. v. Chr.

105. Leonardo-da-Vinci-Saal

106. Leonardo da Vinci. 1452–1519
Madonna mit der Blume (Madonna Benois). 1478

107. Giorgione
(Giorgio da Castelfranco). 1478(?)–1510
Judith. 1500er Jahre

108. Fra Giovanni da Fiesole Angelico. Um 1400–1455
Madonna mit dem Kind, dem Hl. Dominikus und dem Hl. Thomas von Aquino. 1424–1430

109. Tintoretto (Jacopo Robusti). 1518–1594
Die Geburt Johannes des Täufers. Um 1550

105

106

Italienische Malerei

Die Ermitage-Sammlung der italienischen Malerei kann nicht die absolute Vollständigkeit beanspruchen, da sie nicht alle ihre Entwicklungsperioden gleichermaßen veranschaulicht, doch in Bezug auf die Qualität der Kunstwerke und die Berühmtheit deren Erschaffer kann sie es mit den bedeutendsten Museen der Welt aufnehmen. Meisterwerke wie *Judith* von Giorgione, *Madonna Conestabile* von Rafael, *Der Heilige Sebastian* von Tizian, *Lautenspieler* von Caravaggio, *Die Anbetung des Christuskindes durch die Heiligen Drei Könige* von Veronese und die Geburt *Johannes des Täufers* von Tintoretto bilden den Stolz der Ermitage. Zu den berühmtesten Exponaten gehören zwei Bilder von Leonardo da Vinci (1452–1519): *Madonna Benois* und *Madonna Litta*.

107

108

109

110

111

112

Holländische und Flämische Malerei

Die Ermitage-Sammlung der holländischen und flämischen Malerei ist eine der größten in der Welt. Das Schaffen des bedeutendsten holländischen Malers, Rembrandt Harmensz van Rijn, repräsentieren 25 Gemälde, darunter *Flora*, *Danae*, und *Heimkehr des verlorenen Sohnes*. *Flora* stellt ein idealisiertes Porträt der Frau des Künstlers, Saskia, als Blumengöttin dar. Sie war keine Schönheit, doch die Begeisterung des Künstlers, seine romantische Verliebtheit verwandelten die junge Frau in ein harmonisches Bild der ewigen weiblichen Schönheit, Jugend und Zartheit. *Danae* entstand bereits nach dem Tod der Saskia – da verließen Glück, Reichtum und Ruhm den genialen Maler: Seine Werke waren zu kompliziert, zu tief für seine Zeitgenossen. *Heimkehr des verlorenen Sohnes* ist eine der letzten Arbeiten Rembrandts. Dieses Werk kann als eine Art geistiges Vermächtnis des Künstlers betrachtet werden. Hier verkörperte Rembrandt die Idee der erhabenen, alles vergebenden, wahren christlichen Liebe.

110. Rembrandt Harmensz van Rijn. 1606–1669
Heimkehr des verlorenen Sohnes. 1668–1669

111. Rembrandt Harmensz van Rijn. 1606–1669
Flora. 1634

112. Rembrandt Harmensz van Rijn. 1606–1669
Mädchen die Ohrringe anprobierend. 1657

113. Rembrandt Harmensz van Rijn. 1606–1669
Danae. 1636

114. Rembrandt Harmensz van Rijn. 1606–1669
Die Heilige Familie. 1645

115. Alte Ermitage. Blick vom oberen Treppenabsatz der Sowjetskaja-Treppe in den Rembrandt-Saal

113

114

115

Die Ermitage besitzt eine großartige Kollektion der holländischen Malerei des 17. Jahrhunderts, deren Hauptteil Werke der »kleinen Holländer« (Meister der kleinformatigen Gemälde) bilden. Die »kleinen Holländer« sind im Zelt-Saal ausgestellt. Hier sind alle Gattungen vertreten: Porträt (Thomas de Keyser, Frans Hals u.a.), Stilleben (Willem Claesz Heda, Willem Kalf und Pieter Claesz), Interieur (Emmanuel de Witte), Tierdarstellungen (Paulus Potter), Bilder zu mythologischen und biblischen Sujets (Hendrik Terbrugghen und Gerard van Honthorst) und Alltagsszenen (Adriaen van Ostade, Jan Steen und Gerard Terborch). Diese Künstler hielten gern prosaische Genreszenen aus dem gemächlichen, ruhigen, ja sogar monotonen Leben Hollands des 17. Jahrhunderts fest. Die Liebe zur irdischen Realität brachte eine besondere Malerei mit einer genauen, glaubwürdigen Wiedergabe des Gegenständlichen hervor. Tiefer Ernst verträgt sich in ihren Darstellungen durchaus mit gütigem, manchmal etwas grobem, doch immer fröhlichem Humor. Ein Beispiel dafür ist Jan Steens Bild *Die Zecher*, in dem der Maler sich selbst und seine Frau ironisch zeigte. Im Bild *Ein Glas Limonade* – eine solche Komposition wurde traditionsgemäß als Szene bei einer Kupplerin interpretiert – deutet Gerard Terborch zwar taktvoll den Charakter der gezeigten Szene an, lässt aber gleichzeitig verstehen, dass zwischen den beiden jungen Leuten ein Liebesgefühl entsteht, das in ihren Blicken zum Ausdruck kommt. Der herausragende Porträtmaler Frans Hals schuf in seinem *Porträt eines jungen Mannes* mit Handschuh eine markante, dynamische Gestalt, die man nicht so schnell vergisst.

Die flämische Malerei zeichnet sich durch eine erstaunliche Ganzheit aus. Alle ihre Merkmale – die koloristische Pracht, eine stürmische Dynamik und die materielle Gewichtigkeit der Form – findet man im Schaffen des bedeutendsten flämischen Künstlers, Peter Paul Rubens. Die Rubens-Sammlung in der Ermitage zählt ca. 40 Bilder: Porträts und Landschaften, Kompositionen mit Sujets aus der antiken Mythologie, der Bibel und der alten Geschichte, Skizzen und Studien. Die schönsten davon sind *Bündnis zwischen Wasser und Erde*, *Perseus und Andromeda* und *Bacchus*. Alle flämischen Künstler wurden mehr oder weniger von Rubens beeinflusst. Seine Werkstatt war eine Art Akademie der Künste. Rubens' Motive oder Techniken kann man auch im Schaffen solcher herausragenden Maler wie Frans Snyders, Anthonis van Dyck und Jacob Jordaens entdecken. Snyders, einer der größten Meister der Wildbret- und Geflügelstilleben sowie Tierstücke und Jagden, erhob das Stilleben in den Rang einer Hymne an die Vielfalt von Formen, die von der Natur erschaffen wurden, ist mit einer Reihe von Bildern vertreten: *Fischladen*, *Obstladen*, *Gemüseladen*, *Fleischladen* u.a. Van Dycks Kunst repräsentieren über 20 Gemälde, darunter sein berühmtes *Selbstporträt*, in dem die für das späte Schaffen des Künstlers typische Feinheit und Erlesenheit deutlich wird.

117

116. Neue Ermitage. Kleiner Italienischer Oberlicht-Saal. 1842–1851. Architekt Leo von Klenze

117. Peter Paul Rubens. 1577–1640
Bündnis zwischen Wasser und Erde. Um 1618

118

120

119

Spanische Malerei

Die Sammlung der spanischen Malerei des »Goldenen Zeitalters«, wie man das 17. Jahrhundert bezeichnet, besteht aus Bildern solcher Künstler wie Diego Velázquez, Jusepe de Ribera, Francisco de Zurbarán und Bartolomé Esteban Murillo. Velázquez, der Hofmaler Philipps IV., ist mit zwei Bildern vertreten: *Das Frühstück* und *Porträt des Grafen Olivares. Das Frühstück* gehört zu seinen frühen »Bodegones« (vom span. *Bodega*, »Weinschenke«). Genreszenen nehmen in seinem Schaffen einen bedeutenden Platz ein. Der Demokratismus des Themas (eine Zeche der Leute aus dem niederen Volk) und die wahrheitsgetreue Wiedergabe der Natur vertragen sich hier durchaus mit christlichen Symbolen: Brot und Wein, ein Hinweis auf die Kommunion, Fisch, eines der Symbole des Christus, und die roten Granatkörner (Blut des Erlösers).

Francisco de Zurbaráns Bilder schmückten einst Kirchen, Kathedralen und Klöster von Sevilla. Außerhalb Spaniens findet man nur wenige Werke dieses Künstlers, der sein ganzes Leben lang in Sevilla arbeitete. Von vier seinen Bildern in der Ermitage sei vor allem *Die Kindheit der Jungfrau Maria*, eine der lyrischsten Arbeiten des sonst so ernsten und zurückhaltenden Meisters, genannt.

121

Am vollständigsten ist Murillo vertreten, dessen Werke sich im 18. und 19. Jahrhundert bei Sammlern großer Beliebtheit erfreuten, deswegen besitzt die Ermitage 17 Bilder von ihm aus verschienen Schaffensperioden. *Knabe mit Hund* vermittelt eine Vorstellung von der früheren, »kalten« Schaffensperiode des Künstlers, die man wegen des dichten Farbauftrags und der vorherrschenden kalten Tönen so bezeichnete.

Im 17. Jahrhundert erlebte das spanische Stilleben eine Blütezeit. Einer der besten Madrider Vertreter dieses Genres in der Mitte des 17. Jahrhunderts, Antonio de Pereda, betastet im Ermitage-Stilleben gleichsam liebevoll jeden Gegenstand, bewundert die Durchsichtigkeit des Glases, die Dichte und die Farbigkeit des keramischen Geschirrs, den Metallglanz der Schüssel zum Kaffeekochen und vergleicht deren Textur mit den Keksen und einem Stück Käse im Vordergrund, die, als unsichtbare Anwesenheit des Menschen, die »tote Natur« beleben.

Von Francisco Goya, dem bedeutendsten spanischen Künstler an der Wende des 18. zum 19. Jahrhundert, stammt das *Porträt der Schauspielerin Antonia Zárate*. Die Dargestellte soll nicht so sehr durch ihr Talent als vielmehr durch ihre Schönheit berühmt gewesen sein. Sie starb an der Tuberkulose im Alter von 36 Jahren, und ihr Name wäre bestimmt völlig vergessen worden, wenn nicht die beiden wunderschönen Bildnisse von der Hand Goyas da wären. Die beseelte, emotionelle Frauengestalt im Ermitage-Bild – dieses »Porträt eines Herzens« – verbindet gleichsam zwei Epochen: die Zeit der geistigen Entdeckungen von Velázquez und Rembrandt und das Zeitalter von Delacroix, Manet, Cézanne und Picasso.

118. Bartolomé Esteban Murillo. 1617–1682
Knabe mit Hund. 1650er Jahre

119. Anthonis van Dyck. 1599–1641
Familienporträt. Ende 1621

120. Jan Steen. 1625/1626–1679
Die Zecher. Um 1660

121. Antonio de Pereda. 1608–1678
Stilleben

122

123

124

122. Nicolas Poussin. 1594–1665
Tankred und Hermine. 1630er Jahre

123. *Die Anbetung der Heiligen Drei Könige.*
Anfang des 16. Jh. Limoges. Emaille

124. Meister des Thuison-Altars. 15. Jh.
Der Einzug in Jerusalem

125

126

127

Französische Kunst des 15. bis 20. Jahrhundert

Es gibt außerhalb Frankreichs keine Sammlung der französischen Kunst, die es mit der Ermitage-Kollektion in Bezug auf Anzahl und Qualität der Exponate aufnehmen kann. Katharina II. erwarb mit Vorliebe Werke französischer Maler für ihre Gemäldegalerie. Somit schuf sie den Grundstock einer der größten Sammlungen in der Abteilung der westeuropäischen Kunst. Die Ermitage besitzt Werke des Hauptrepräsentanten des französischen Klassizismus, Nicolas Poussin, Jean-Antoine Watteaus, François Bouchers, Jean-Baptiste Siméon Chardins und Jean-Honoré Fragonards. Man findet hier auch Arbeiten von Schülern und Nachfolgern des wichtigsten Vertreters der neoklassizistischen Schule, Jacques Louis David. Eine Vorstellung über die erste, »revolutionäre« Entwicklungsetappe dieses Stils vermittelt beispielsweise das Gemälde *Bonaparte auf der Brücke von Arcole* von Antoine Jean Gros. Die Ermitage besitzt auch ein Bild von David selbst: *Sappho und Phaon*. Eugène Delacroix ist mit zwei Gemälden vertreten: *Der Marokkaner, sein Ross sattelnd* und *Löwenjagd in Marokko*.

125. Antoine Jean Gros. 1771–1835
Bonaparte auf der Brücke von Arcole. Um 1797

126. Eugène Delacroix. 1798–1863
Löwenjagd in Marokko. 1854

127. Dessert-Service des Eugène Beauharnais
Anfang des 19. Jh. Porzellanmanufaktur
von Dihl und Guerhard. Porzellan, vergoldet

128

129

130

131

Impressionisten und Postimpressionisten

Die auf den Schlossplatz blickenden Säle des zweiten Stocks nimmt die Kunst der Impressionisten, Postimpressionisten, Kubisten und Fauvisten ein. Diese Werke kamen aus den Kollektionen der berühmten Moskauer Kunstsammler Sergej Stschukin und Iwan Morosow in die Ermitage.

Bilder von Claude Monet, Camille Pissarro, Alfred Sisley und Auguste Renoir stammen aus der Zeit des Werdegangs und der Blütezeit der impressionistischen Kunst. Die Impressionisten entdeckten neue Möglichkeiten, die unmittelbaren Eindrücke von der Natur wiederzugeben, sie waren von Lichteffekten fas-ziniert, die die Form und

die Farbe der Gegenstände wunderbar verwandelten. Sie lehnten die erstarrten Traditionen der klassischen Kunst ab und strebten eine Erneuerung der Malerei an, sagten sich aber keineswegs von den besten Errungenschaften der Künstler früherer Epochen ab. Monet ist mit einigen Landschaften vertreten. Von Renoir sieht man nur Glanzstücke seiner Porträtkunst, zum Beispiel *Mädchen mit Fächer*, bei dem es sich um die Tochter des Besitzers des Restaurants »Grenouillère«, Alphonsine Fournaise, handelt.
Edgar Degas teilte zwar das Interesse der Impressionisten an den Besonderheiten des Lichtes und ihrer adäquaten Wiedergabe, zeigte aber keinerlei Ambitionen hinsichtlich der Pleinair-Malerei und arbeitete stets im Atelier. Seine Lieblingsmotive waren Pferderennen, Szenen in Ausflugslokalen, der Alltag von Näherinnen, Wäscherinnen u.ä. Die Ermitage besitzt mehrere herrliche Pastelle Degas', die ihn als großen Meister der Frauenakte ausweisen.
Fast gleichzeitig mit Monet, Pissarro, und Renoir wirkten Paul Cézanne, Vincent van Gogh und Paul Gauguin. Der Impressionismus war für diese Künstler nur eine Zwischenetappe, nach der sie ihre eigenen Wege einschlugen und eine neue Kunstrichtung entwickelten: den Postimpressionismus. Auf der Suche nach neuen Ausdrucksmitteln gelangten sie zu einer solchen Auffassung der Form, die später die avantgardistische Malerei des 20. Jahrhunderts hervorbrachte.
Paul Cézanne war nicht bestrebt, nur die Eindrücke von der Natur festzuhalten, er befasste sich auch mit Plenaire-Malerei, doch die Gegenstände in seinen Stilleben lösen sich nicht in der Luft auf, indem sie sich in Farbflecken verwandeln, sondern sie haben Dichte, Spürbarkeit, wie in Bildern alter Meister. Nur im Unterschied zu diesen modellierte er die Volumina nicht durch das Licht-und-Schatten-Spiel, sondern durch ein Zusammenspiel von kalten und warmen Farbnuancen.
Die Kunst Vincent van Goghs gründet ebenfalls auf den Errungenschaften der Impressionisten, aber in seinen Bildern ist die Farbe aktiver als in der Natur. Für ihn war das Kolorit vor allem ein Ausdrucksmittel für Emotionen, die er während der Arbeit hatte. Er benutzte Eindrücke von der Natur, um seine Gemütsbewegungen zum Ausdruck

132

133

128. Auguste Renoir. 1841–1919
Mädchen mit Fächer. 1881

129. Paul Cézanne. 1839–1906
Stilleben mit Draperie. Um 1899

130. Claude Monet. 1840–1926
Heuschober in Giverny. 1886

131. Vincent van Gogh. 1853–1890
Die Damen in Arles. 1888

132. Paul Gauguin. 1848–1903
Frau mit Frucht. 1893

133. Henri Matisse. 1869–1954
Vase mit Schwertlilien. 1912

134

135

136

zu bringen. Die vier Ermitage-Bilder van Goghs stammen aus seiner letzten Schaffensperiode.

Paul Gauguin gilt neben Cézanne und van Gogh als Begründer der Kunst des 20. Jahrhunderts. In der Ermitage kann man 15 Bilder aus seiner Tahiti-Periode sehen. In seinem romantischen Streben, die engen Grenzen der europäischen Kunst zu sprengen, fand Gauguin zu seiner eigenen »Goldenen Ära« auf einer fernen pazifischen Insel.

Pablo Picasso und Henri Matisse sind in der Ermitage mit wahren Meisterwerken vertreten. Alle 30 Ermitage-Bilder Picassos stammen aus der Sammlung Stschukin und veranschaulichen die Blaue, die Rosa und die kubistische Periode. 1906 vollzog sich eine Stilwende in Picassos Schaffen. Er fand zu einem neuen Malsystem, dem Kubismus, indem er seine Gestalten aus grob modellierten geometrischen

134. Pablo Picasso. 1881–1973
Frau mit Fächer (Nach dem Ball). 1908

135. Vincent van Gogh. 1853–1890
Strauch. 1889

136. Edgar Degas. 1834–1917
Junge Frau bei der Toilette
Um 1885–1886

137

138

Figuren konstruierte, ohne ihnen jedoch die menschlichen Emotionen zu nehmen.
Matisse zählt als einer der einflussreichsten Vertreter des Fauvismus zu den prägnantesten Künstlern des 20. Jahrhunderts. 1905 hatte er mehrere Aufsehen erregende Gemälde geschaffen, in denen reine Farbflächen eine immer dominantere Rolle zu spielen begannen. Eine Ausstellung im gleichen Jahr gemeinsam mit André Derain und Maurice de Vlaminck trug der Gruppe die Bezeichnung »Fauves« (die Wilden) ein, die sich auf ihre grelle Farbgebung, die Auflösung gegenständlicher Formen und die radikale emotionale Kraft ihrer Bilder bezog.
Herb und dramatisch sind die Landschaften von Vlaminck. Nach einer »Feuertaufe« durch den Fauvismus verspürte er doch seine innere Verwandtschaft mit van Gogh und Cézanne. Sein Kolorit ist expressiv und angespannt, die linearen Rhythmen impulsiv und heftig.

137. Henri Matisse. 1869–1954. *Tanz.* 1910

138. Maurice Vlaminck. 1876–1958
Blick auf die Seine. Um 1905–1906

139

140

Brücke über den Winterkanal

Unvergesslich ist der Blick auf die Stadt von der kleinen zierlichen Bogenbrücke, die sich über der Simnjaja Kanawka (Winterkanal) zwischen der Alten Ermitage und dem Ermitage-Theater spannt. Der Übergang in Form einer Galerie, die die beiden Gebäude verbindet, bildet das Foyer des Theaters, aus dessen Fenstern sich ebenfalls ein herrlicher Blick auf die Newa und den Winterkanal bietet. Auf dieser romantischen Brücke ließ Puschkin einen Teil seiner Erzählung »Pique Dame« spielen. »…Unter dem Bogen sieht man den langsam dahinfließenden Strom, auf dem gleich weißen Schwänen leise raschelnd Eisschollen treiben; hinter dem Fluss aber stehen schwarz die hohen Mauern der düsteren Festung, gekrönt von der goldenen Turmspitze mit der Erzengelfigur« (*Nikolaj Anziferow*).

139. Gebäudekomplex der Ermitage von der Schlossbrücke gesehen

140. Winterkanal

141. Neue Ermitage. Atlanten-Portikus. 1848. Architekt Leo von Klenze, Bildhauer Alexander Terebenjow

141

Neue Ermitage

Unter den Gebäuden der Ermitage kommt der Neuen Ermitage ein besonderer Platz zu. Ihre Entstehung ist Nikolaus I. zu verdanken, der den Bau eines neuen Museumsgebäudes befahl, um darin die über mehrere Zarenpaläste in St. Petersburg verstreuten Kunstschätze der russischen Krone zusammen tragen zu lassen. Mit dem Entwurf des »Kaiserlichen Museums« beauftragte der Zar den Hofarchitekten des bayrischen Königs Ludwig I., Leo von Klenze, der in Zusammenarbeit mit den russischen Baumeistern Wassilij Stassow, Nikolaj Jefimow und Alexander Brüllow dieses einzigartige Baudenkmal schuf. In der Neuen Ermitage fand die Vorstellung von Museum als universellem Depot für die künstlerischen Errungenschaften und Erfahrungen der Menschheit ihre Verkörperung. Diese Idee bestimmte das architektonische Antlitz des ersten öffentlichen Museums des Landes. Nach dem Wunsch des Zaren wurden alle Ausstellungsräume als Prunksäle gestaltet, denn sie waren ja ein Teil der Zarenresidenz. Im Erdgeschoss befinden sich die Sammlungen der antiken Skulptur, während im ersten Stock vorwiegend die Malerei untergebracht wurde. Alles ist hier dem Ziel untergeordnet, die ganze Entwicklungsgeschichte der Weltkunst gleich einer Enzyklopädie zu veranschaulichen.
Besonders interessant sind Säle, in denen die Baumeister eine erstaunliche Harmonie von Interieur und Kunst erzielten. Die Ausstellungsräume der Neuen Ermitage wurden unter Berücksichtigung des Formats der auszustellenden Werke projektiert. Für kleinere Gemälde waren »Kabinette« bestimmt, während die drei großen Oberlicht-Säle für monumentale Werke geschaffen wurden. Sehr beeindruckend ist beispielsweise der *Zwanzigsäulen-Saal* mit einer Ausstellung der griechischen und etruskischen Vasen, die drei sogenannten Oberlicht-Säle mit Werken der Malerei, der *Aura-Saal* mit antiken Plastiken und die Säle der neuen Skulptur. Viele davon schmücken Säulen, Reliefs und Wandmalereien sowie prachtvolle Parkettfußböden.
Eine Sehenswürdigkeit für sich ist der monumentale Portikus der Neuen Er-mitage mit zehn monolithischen Atlanten aus grauem Granit, ein Meisterwerk des russischen Bildhauers Alexander Terebenjow.

143

144

Newskij-Prospekt

Der 4,5 Kilometer lange schnurgerade Newskij-Prospekt, die Hauptstraße der Stadt, entstand bereits im ersten Jahrzehnt des 18. Jahrhunderts, wurde aber sehr langsam bebaut, da die Hauptbauarbeiten an den Newa-Ufern und auf der Wassiljewskij-Insel geführt wurden. Nach dem Tod Peters des Großen liefen die von ihm oft unter Zwang an die Newa-Ufer übersiedelten Würdenträger und Gutsbesitzer auseinander. Unter Anna Ioannowna (1730) kam wieder Leben in die neue Metropole, und die Bautätigkeit begann von neuem. 1738 erhielt der Newskij, einer der drei »Strahlen«, die von der Admiralität führen, seinen heutigen Namen und wurde als die Hauptstraße der Stadt anerkannt.

←
142. Schlossplatz

143, 145. Newskij-Prospekt

144. Admiralitäts-Prospekt

146. Newskij-Prospekt und Gribojedow-Kanal von der Kasaner Kathedrale gesehen.
Haus des Buches (ehemalige Firma Singer) 1902–1904. Architekt Pawel Suzor

147. Haus des Buches.
Skulpturengruppe auf der Kuppel. 1902–1904.
Bildhauer Artemij Ober und Amandus Adamson

145

146

147

148

Kasaner Kathedrale

Eines der interessantesten Bauwerke aus dem 18. Jahrhundert auf dem Newskij-Prospekt ist das an der Grünen Brücke, die über die Mojka führt, gelegene *Stroganow-Palais* (1752–1754, Architekt Francesco Bartolomeo Rastrelli). Das für die damalige Zeit riesige zweistöckige Palais erinnert an die rauschende Regierung Elisabeths, der Tochter Peters des Großen, an die unermesslichen Reichtümer der Grafen Stroganow, denen fast die Hälfte des Urals und 25.000 Leibeigene gehörten. Der Besitzer des Palais, Graf Alexander Stroganow, einer der gebildetsten Aristokraten seiner Zeit, Präsident der Akademie der Künste St. Petersburg, unterstützte tatkräftig Künstler, Literaten und Musiker. In seinem Haus wurde Andrej Woronichin, ein Leibeigener der Stroganow, der künftige Baumeister der Kasaner Kathedrale, groß.

Die *Muttergottes-von-Kasan-Kathedrale* (*Kasaner Kathedrale*), ein Meisterwerk des Spätklassizismus, verdankt ihren Namen der 1579 in Kasan entdeckten wundertätigen Ikone der Gottesmutter. 1801–1811 erbaut, diente die Kathedrale zugleich als eine Art Militärmuseum, in dem verschiedene Siegestrophäen der russischen Armee aus dem Krieg von 1812–1814, darunter die Schlüssel zu 28 Städten Europas, aufbewahrt wurden. 1813 wurde in der Kathedrale der Oberbefehlshaber der russischen Armee, Feldmarschall Michail Kutusow, beigesetzt. Die beiden Denkmäler auf dem Platz davor stellen Kutusow und dessen Vorgänger, Feldmarschall Michail Barclay de Tolly, dar.

149

151

150

Zar Paul I. hatte den Wunsch, dass diese Kathedrale nach dem Vorbild der römischen Peterskirche gebaut würde. Aber Woronichins Entwurf gab dem Bauwerk völlig eigene Züge: Die beiden Flügel öffnen sich weit zum Newskij-Prospekt hin und trennen die Kathedrale keineswegs von den sie umgebenden Bauten. Der dem Newskij zugewandte Nordportikus ist umrahmt von einer halbrunden Kolonnade mit korinthischen Säulen.

148. Kasaner Kathedrale (Muttergottes-von-Kasan-Kathedrale). 1801–1811. Architekt Andrej Woronichin

149. Grabmahl des Feldmarschalls Michail Kutusow

150. Innenansicht

151. Ikone *Muttergottes-von-Kasan-Kathedrale*

152

Mit ihrer weithin sichtbaren Kuppel, bei deren Errichtung Woronichin erstmalig in der russischen Baukunst Metallkonstruktionen verwendete, erreicht die Kathedrale eine Höhe von 70 Metern. Der Innenraum ist prachtvoll mit Granitsäulen ausgestattet, die das Gewölbe der drei Schiffe stützen und deren vergoldete bronzenen Basen und Kapitelle dem Interieur den Charakter eines Palastraums verleihen; dazu trägt auch das durch die Fenster der Trommel hereinströmende Licht bei. Die besten Maler und Bildhauer Russlands, die an der Ausgestaltung der Kasaner Kathedrale teilnahmen, verwandelten diese in einen »Tempel der russischen Kunst«. Da das Gebäude fast siebzig Jahre lang das Museum für die Geschichte der Religion und des Atheismus beherbergte, blieben darin nur wenige Ikonen erhalten. Zur Zeit finden in der Kathedrale wieder Gottesdienste statt.

153

»Antiquarische« Brücken

Der Newskij-Prospekt überquert zwei Flüsse – die Mojka und die Fontanka – und den Gribojedow-Kanal, die ihrerseits die ganze Innenstadt durchziehen, daher die auffallend vielen Brücken im Stadtzentrum, von denen manche zu den Sehenswürdigkeiten St. Petersburgs gehören und oft als »antiquarisch« bezeichnet werden, das sie ihr ursprüngliches Aussehen behielten. Das gilt vor allem für die Brücken über den ehemaligen kleinen Fluss Kriwuscha. Katharina II. ließ ihn begradigen, seine Ufer wurden mit Granit verkleidet, und der Fluss verwandelte sich in den Katharinen-Kanal. Er kreuzt einige legendenumwobene Straßen mit düster dreinblickenden Mietshäusern. Man glaubt, in diesen dunklen Steinschluchten und im Wirrwarr der Hinterhöfe den Schatten von Nikolaj Gogols und Fjodor Dostojewskijs Helden, die hier einst gelebt hatten, begegnen zu können.

Von den zwanzig Brücken des Gribojedow-Kanals (der heutige Name des Katharinen-Kanals) seien vor allem die *Löwen-* und die *Bankbrücke* (beide 1826, Ingenieur Wilhelm von Traitteur, Bildhauer Pawel Sokolow) erwähnt. Die Bankbrücke, die schmalste in der Stadt (1,85 m), befindet sich vor dem Gebäude der ehemaligen Assignationsbank (heute Universität für Finanzen und Ökonomie). Mit ihren geflügelten Löwen, deren Flügel vergoldet sind, ist sie ein Schmuckstück. In Legenden und Sagen fungieren solche »Greife« oft als Wächter von Schätzen, deswegen war ihr Erscheinen vor der Assignationsbank seinerzeit kein Wunder.

Jede Brücke in St. Petersburg hat ihr eigenes architektonisch-plastisches Antlitz und unterscheidet sich von den anderen stark in Form und Konstruktion.

Bogenbrücken, Hängebrücken, buckelige, schlanke, gewaltige und spielzeugartige – all diese Brücken, gepaart mit Granitufern, schmiedeisernen Gittern und Laternen, geben der Stadt ein besonderes Gepräge.

154

155

152. Kasaner Kathedrale

153. Denkmal für den Feldmarschall Michail Barclay de Tolly. 1837. Bildhauer Boris Orlowskij

154. Gribojedow-Kanal. Bankbrücke. 1825–1826. Ingenieur Wilhelm von Traitteur, Bildhauer Pawel Sokolow

155. Bankbrücke. Geflügelte Löwen

156

157

Puschkin-Wohnungsmuseum

Am Mojka-Kai (Nabereschnaja Reki Mojki 12) gibt es eine Puschkin-Gedenkstätte: das Haus der Fürstin Wolkonskaja, das Alexander Puschkin und seine Familie seit 1836 bewohnten und in dem der Dichter an den Folgen seiner im Duell mit dem Franzosen Georges D'Anthès erlittenen Verletzungen am 29. Januar 1837 starb. In den Tagen vor der Bestattung erwies das Volk Puschkin in seiner Wohnung die letzte Ehre. Der Dichter Wjasemskij, der einen in Tränen aufgelösten Greis fragte, ob er zur Familie der Puschkins gehöre, erhielt die Antwort: »Nein, aber ich bin ein Russe«. Das Puschkin-Museum enthält Gegenstände, Möbel und die Bibliothek des Dichters sowie zahlreiche Dokumente.

156. Blick auf das Puschkin-Wohnungsmuseum auf dem Mojka-Kai

157. Puschkin-Wohnungsmuseum. Gastzimmer

158. Orest Kiprenskij
Porträt Alexander Puschkin. 1827

159. Alexander Brüllow
Porträt Natalja Puschkina. 1832

160. Puschkin-Wohnungsmuseum. Kabinett des Dichters

158

159

160

161

162

Das Staatliche Russische Museum

Die Michajlowskaja-Straße verbindet den Newskij-Prospekt mit dem Platz der Künste, einem Meisterwerk des genialen Carlo Rossi aus den Jahren 1819–1825, dem Goldenen Zeitalter der russischen Kultur. Der Platz, in dessen Mitte ein Puschkin-Denkmal (1957, Bildhauer Michail Anikuschin) steht, wird vom majestätischen Michajlowskij-Palais beherrscht, nach dem Namen seines Besitzers, des Großfürsten Michail Pawlowitsch, des jüngsten Bruders Alexanders I. und Nikolaus II., benannt. In diesem Palais befindet sich das Russische Museum.
Im Jahre 1895 wurde das Michajlowskij-Palais vom Staat für das zu eröffnende Museum der russischen Kunst erworben. Am 14. April 1895 unterzeichnete der Zar Nikolaus II. den Ukas Nr. 62: über die Gründung des Russischen Museums »Kaiser Alexander III.«. So entstand das erste staatliche Museum der nationalen Kunst in Russland. Um die Palasträume den Museumszwecken anzupassen, baute Wassilij Swinjin das Gebäude grundlegend um. Unverändert ließ er nur einige Interieurs, zum Beispiel das Hauptvestibül mit der Paradetreppe und den Weißen Säulensaal, in dem nicht nur die Wandmalereien, sondern auch die nach Rossis Zeichnungen angefertigten Möbel erhalten blieben.
Die feierliche Eröffnungszeremonie fand am 7. März 1898 statt. Die ursprüngliche Sammlung der Malerei, Bildhauerei, Graphik und der angewandten Kunst war relativ klein: Sie zählte zuerst nur 445 Gemälde, 111 Plastiken und 981 Zeichnungen und Aquarelle. Heute, da die Bestände des Museums bereits 400.000 Exponate umfassen, können diese Zahlen mehr als bescheiden erscheinen, doch für die damalige Zeit war das eine durchaus solide Grundlage für die weitere Entwicklung.

161. Portikus des Michajlowskij-Palais

162. Unbekannter Künstler. *Porträt Alexander III.* 1880–1890

163. Russisches Museum. Großer Saal der Akademischen Malerei. 1999

164. Russisches Museum. Der obere Treppenabsatz der Paradetreppe. 1819–1825. Architekt Carlo Rossi

163

164

165

166

165. Russisches Museum. Weißer Säulensaal. 1819–1825. Architekt Carlo Rossi

166. Ikone *Der Heilige Georg*. 15. Jh.

167. Ikone *Der Erzengel Gabriel* (*Engel mit dem Goldhaar*). 12. Jh.

168. Blick in den Großen Saal der Akademischen Malerei (Saal Nr. 15)

167

168

Die Kunst der Alten Rus

Das Staatliche Russische Museum in St. Petersburg ist eine der größten und bedeutendsten Schatzkammern der altrussischen Kunst. Von den einzigartigen Denkmälern der altrussischen Kunst seien vor allem die älteste Ikone des Russischen Museums *Der Erzengel Gabriel* (*Engel mit dem Goldhaar*) aus dem 12. Jahrhundert und die Ikone *Der Heilige Georg* aus der Mitte des 15. Jahrhunderts genannt. Das erste Bild gehört zu den schönsten Darstellungen des Erzengels Gabriel. Wer diese Ikone gemalt hat, wann und wie sie in eine russische Kirche gelangt ist, ist unbekannt. Aber die Goldfäden, ein Symbol der Größe und Unsterblichkeit der olympischen Götter, deuten auf die hellenistische Tradition, die Byzanz übernommen hat.
Der Heilige Georg, einer der beliebtesten Heiligen in Russland, versinnbildlichte für die Russen schon immer den Sieg des Guten über das Böse und galt als Schutzpatron der Herrscher, der Krieger und der Ackerbauern. Ein unbekannter Künstler zeigte den Heiligen als Drachentöter, hoch zu Ross. Größte Volkstümlichkeit in allen europäischen Ländern erreichte dieser unter Kaiser Diokletian um 303 enthauptete Erzmärtyrer, als Legenden des 11. Jahrhunderts ihn mit der mythologischen Gestalt des Drachentöters verbanden, der die schöne Königstochter rettete. In Russland erhielt er durch diese Tat den Beinamen »der Sieger«.

169

Von der akademischen Malerei bis zur Avantgarde

Den Grundstock der Sammlung des Russischen Museums bildeten Kunstwerke aus der Ermitage, der Akademie der Künste, dem Winterpalast und dem Alexander-Palais in Zarskoje Selo. Aus der Ermitage stammt beispielsweise das riesige Gemälde *Die eherne Schlange* von Fjodor Bruni, zahlreiche Porträts von der Hand Karl Brüllows und dessen berühmtes Bild *Der letzte Tag von Pompeji*. Der russische Schriftsteller Nikolaj Gogol, ein Zeitgenosse des »großen Karl«, schrieb über Brüllows Kunst: »Seine Werke stellen vielleicht die ersten Bilder dar, die durch ihre Vitalität und Naturtreue für alle mehr oder weniger zugänglich sind. Sie sind sowohl dem Künstler mit einem hochentwickelten Geschmack als auch dem einfachen Betrachter, der von der Kunst wenig zu berichten weiß, verständlich. Dies sind die ersten russischen Bilder, denen das glückliche Los beschieden ist, Weltruhm zu erlangen. Das beste davon, den ›Letzten Tag von Pompeji‹, kann man wegen der ungewöhnlichen Großzügigkeit und Schönheit wohl mit der Oper vergleichen, bei der es sich bekanntlich um eine Art Dreibund der Kunst – eine harmonische Verbindung von Malerei, Poesie und Musik – handelt«.

169. Karl Brüllow. 1799–1852. *Doppelporträt der Schwestern Schischmarjow*. 1839
170. Karl Brüllow. 1799–1852. *Der letzte Tag von Pompeji*. 1833
171. Iwan Ajwasowskij. 1817–1900. *Die neunte Woge*. 1850
172. Wassilij Surikow. 1848–1916. *Einnahme der Schneefestung*. 1891

170

171

172

173

174

175

Iwan Ajwasowskij war einer der beliebtesten russischen Marinisten. Er hinterließ außerordentlich viele Seelandschaften, die in der Regel seiner Fantasie und Einbildungskraft, gespeist von eingehenden Studien des realen Meeres, entsprangen. Sein im sogenannten Großen Akademischen Saal ausgestelltes Glanzstück *Die neunte Woge* ist Ausdruck der romantischen Hoffnung auf den Sieg des Menschen über die Natur. Daneben kann man Diplomarbeiten von Absolventen der Akademie der Künste sehen.
In einem der Akademischen Säle sind Werke von Alexander Iwanow ausgestellt, einem Künstler, der einen gewaltigen Einfluss auf die russische Historienmalerei der zweiten Hälfte des 19. Jahrhunderts ausübte. Sein Bild *Christus erscheint vor dem Volk* war selbst für solche bedeutenden Maler wie Nikolaj Gay, Iwan Kramskoj, Wassilij Surikow und Michail Wrubel – die im Russischen Museum ebenfalls gut vertreten sind –, rich-tungsweisend. Eine herrliche Sammlung der Malerei der zweiten Hälfte des 19. und des frühen 20. Jahrhunderts entstand nach der Oktoberrevolution von 1917, nachdem viele Privatsammlungen nationalisiert worden waren.
Das Russische Museum kann die beste Sammlung der russischen Avantgarde sein eigen nennen, darunter Werke solcher weltbekannten Meister wie Wassily Kandinsky, Kasimir Malewitsch und Pawel Filonow. Kandinsky ist der Stammvater der abstrakten Malerei. Er fand neue Ausdrucksmöglichkeiten für das Geistige, das er von seiner materiellen Gegenständlichkeit befreite, entdeckte den Selbstwert der Farbe und des Rhythmus im Bild. Der Leningrader Künstler Filonow entwickelte seine »analytische

173. Ilja Repin. 1844–1930
Die Saporosher Kosaken schreiben dem türkischen Sultan einen Brief. 1880–1891

174. Iwan Schischkin. 1832–1898
Mastenwald. 1898

175. Nikolaj Roerich. 1874–1947
Fremdländische Gäste. 1902

176

177

178

Kunst«, in der sich das Objektive und Subjektive, Rationale und Intuitive organisch verbinden. Die der »Pinselanalyse« unterzogene objektive Welt verwandelt sich bei ihm in ein durch die Energie des Künstlers erschaffenes Bild des Universums. Malewitsch kam vom Neo-Impressionismus über den Kubismus und Futurismus zur Gegenstandslosigkeit, zu seinem Suprematismus, einer Art geometrischer Abstraktion. Er meinte, im Suprematismus seien drei Stadien – nach der Zahl der Quadrate: des schwarzen, weißen und roten – zu unterscheiden, »deren Grundlage das Sparsamkeitsprinzip ist: Mit einer Fläche wird die Kraft der Statik oder die sichtbare dynamische Ruhe wiedergegeben«.

176. Ljubov' Popowa. 1889–1924
Mensch + Luft + Raum

177. Kasimir Malewitsch. 1878–1935
Frauenporträt. Um 1930

178. Kasimir Malewitsch. 1878–1935
Rote Reiterei. 1918

179. Wassily Kandinsky. 1866–1944
Dämmerung. 1917

180

183

180. Denkmal für Katharina II. 1873. Bildhauer Matwej Tschishow und Alexander Opekuschin

181, 182. Denkmal für Katharina II. Detail des Sockels

183. Rossi-Straße

184. Alexandrinskij-Theater. 1828–1832. Architekt Carlo Rossi

185. Jelissejew-Kaufhaus. 1902–1903. Architekt Gawriil Baranowskij

181

182

Ostrowskij-Platz
Jelissejewskij-Kaufhaus

Eines der schönsten Bauensembles, die von Rossi geschaffen wurden, ist der direkt gegenüber dem Jelissejewskij-Kaufhaus gelegene Ostrowskij-Platz mit dem Alexandrinskij-Theater und die nach dem Baumeister benannte architektonisch schönste Straße St. Petersburgs dahinter. Zuerst entstanden an der Ostseite des Platzes die beiden Pavillons, die zum Anitschkow-Palais gehörten. Das Palais schenkte die Zarin Elisabeth ihrem Favoriten, dem Kosaken Alexej Rasumowskij. Das am Fontanka-Fluss gelegene Gebäude war einst von einem großen Park umgeben. Bis zur Oktoberrevolution von 1917 diente es als eine Zarenresidenz.
1828–1832 errichtete Rossi im Hintergrund des Platzes das Alexandrinskij-Theater, ein Meisterwerk des russischen Klassizismus, das zum Mittelpunkt des architektonischen Ensembles wurde.
1873 wurde vor dem Alexandrinskij-Theater ein Denkmal für Katharina II. enthüllt. Die Zarin ist von berühmten Zeitgenossen – Würdenträgern, Feldherren, Gelehrten und Dichtern – umgeben.
Außer dem Gostinyj Dwor gibt es auf dem Newskij, an der Kreuzung der Malaja Sadowaja-Straße, ein weiteres sehenswertes und nicht minder bekanntes Geschäft: das Jelissejewskij-Kaufhaus, das Grigorij Jelissejew, einem Vertreter der berühmten russischen Kaufmannsdynastie gehörte. Heute befindet sich in diesem Gebäude das Akimow-Theater für Komödie.

184

185

186

186. Dekor des Gitterzauns des Anitschkow-Palais

187, 189. Anitschkow-Brücke. *Rossebändiger*. 1841–1850. Bildhauer Pjotr Klodt

188. Rossi-Pavillon. 1817–1818. Architekt Carlo Rossi

190. Anitschkow-Brücke. 1785. Ingenieur I. Gerard. 1839–1841. Ingenieur A. Gotmann, Architekten Karl Schinkel und Alexander Brüllow

187

188

Anitschkow-Brücke

Bis Anfang des 19. Jahrhunderts stellte die Fontanka die Grenze der bewohnten Stadt dar, auf der anderen Seite waren Wiesen und Wälder. Die Brücke, die hier über den Fluss führte, wurde auf Befehl Peters des Großen errichtet. Sie war aus Holz, wurde jedoch 1841 durch jetzige Steinbrücke aus rosa Granit, die Anitschkow-Brücke, ersetzt. Die erste Holzbrücke an dieser Stelle hatte 1715 der Militäringenieur M. Anitschkow errichtet, daher der Name der Brücke. Die vier Skulpturen der »Rossebändiger« (1841) von Pjotr Klodt, dem Autor des Denkmals für Nikolaus I., die die Brücke flankieren, sind berühmt: Ein Abguss davon wurde von Nikolaus I. seinem Schwager Friedrich Wilhelm I. von Preußen zum Geschenk gemacht und in der Nähe des königlichen Schlosses in Berlin aufgestellt; einer anderen Ausführung war beschieden, den Platz vor dem königlichen Palast in Neapel zu schmücken. Der Schöpfer dieser bronzenen Suite, dem auch die Idee, die »Rossebändiger« auf der Anitschkow-Brücke aufzustellen, gehörte, hatte damit seinerzeit einen ungeheuren Erfolg und wurde zum Mitglied der Akademien der Schönen Künste von Frankreich, Deutschland und Italien gewählt.

Während des Zweiten Weltkrieges hat man die Skulpturen im Park des Anitschkow-Palais eingegraben, um sie zu schützen.

Stadtvillen und Palais an der Fontanka
Palais Belosselskij-Beloserskij

An der Kreuzung des Newskij und der Fontanka, direkt vor der berühmten Anitschkow-Brücke, liegt das Palais Belosselskij-Beloserskij (1846, Architekt Andrej Stakenschneider), gebaut »im Geschmack des Rastrelli-Barock«: Als Muster dafür diente dem Architekten das von Rastrelli in der Mitte des 18. Jahrhunderts errichtete Stroganow-Palais am Mojka-Kai. Heute befindet sich im Palais ein Städtisches Kulturzentrum für Ausstellungen und Konzerte.
Der erste Besitzer des Palais war der Fürst Alexander Belosselskij-Beloserskij, Vertreter einer Familie, die ihre Abkunft einerseits auf die Kiewer Großfürsten, andererseits auf die Fürsten Belosselskij, Mitstreiter Peters des Großen, zurückführt. Dieser Würdenträger unter Katharina der Großen genoss eine glänzende Bildung und sammelte leidenschaftlich Kunstwerke. Die Sammlerleidenschaft des Fürsten erbten seine Nachkommen, so dass im Palais im Laufe der Zeit eine umfangreiche Kollektion entstand.
Von den Kindern des Fürsten ist seine Tochter Sinaida besonders erwähnenswert. Sie beherrschte sechs Fremdsprachen, war literarisch und künstlerisch begabt und hatte eine sehr schöne Stimme. Gioacchino Rossini schrieb eigens für sie eine Partie in der Oper »Tancred«. Ihre Villa in Rom war ein Kunstzentrum, in dem sich die interessantesten Persönlichkeiten der europäischen Kultur versammelten.
1884 sahen sich die Belosselskij-Beloserskijs wegen ihrer schwierigen finanziellen Lage gezwungen, ihr Familiennest dem Großfürsten Sergej Nikolajewitsch, dem fünften Sohn Alexanders II., zu verkaufen, der das Palais anlässlich seiner bevorstehenden Hochzeit erwarb. Seine Braut, Jelisaweta Fjodorowna, die ältere Schwester der Alexandra Fjodorowna, der künftigen Frau Nikolaus' II., war eine bemerkenswerte Persönlichkeit. Alle liebten sie und waren von ihr begeistert. Diese ungewöhnlich schöne und kluge Frau, die außerdem Humor, eine Engelsgeduld und ein edles Herz hatte, war allerdings tief unglücklich in ihrer Ehe mit dem groben, misstrauischen und recht grausamen Großfürsten, hielt dies aber vor allen geheim. Sie kam 1918 tragisch ums Leben, als sie zusammen mit anderen Mitgliedern der Zarenfamilie in den Schacht einer Kohlengrube bei Alapajewsk im Ural geworfen wurde.

189

190

191

Scheremetew-Palais (Fontannyj Dom)

Viele Petersburger Palais liegen direkt am Wasser, besonders an der Fontanka. Im 18. Jahrhundert stellten sie in der Regel einen Teil großer Stadtvillen, deren Parks zu der heutigen Sadowaja-Straße oder dem Litjejnyj-Prospekt führten. Eine Vorstellung von solchen Stadtvillen vermittelt das an der Fontanka in der Nähe der Anitschkow-Brücke gelegene und bei Petersburgern als der Fontannyj Dom («Fontänenhaus«) bekannte Scheremetew-Palais, das Stammnest der Grafen Scheremetew. Peter der Große schenkte dieses Grundstück 1712 Boris Scheremetew, der darauf ein Holzhaus baute. Sein Sohn Pjotr ließ dann in den 50er Jahren ein einstöckiges Palais (1750er Jahre, Architekten Sawwa Tschewakinskij und Fjodor Argunow) errichten. Die Fassade schmückt ein Wappenschild mit der Inschrift:

192

193

191. Palais Belosselskij-Beloserskij. 1847–1848. Architekt Andrej Stakenschneider

192. Großfürstin Jelisaweta Fjodorowna. Foto

193. Palais Belosselskij-Beloserskij. Blick aus dem Fenster des Goldenen Gastzimmers

194. Scheremetew-Palais. 1746–1750. Architekten Sawwa Tschewakinskij und Fjodor Argunow

195. Wappen der Grafen Scheremetew am Tor des Palastes

194

195

»Deus conservata omnia«. 1867 trennte der Architekt Nikolaj Benois den Ehrenhof des Palais durch einen schönen schmiedeeisernen Gitterzaun vom Kai.
Die Besitzer des Fontannyj Dom spielten eine besondere Rolle in der Geschichte der russischen Kultur: Im 18. und im frühen 19. Jahrhundert hatten die Scheremetews ein eigenes Theater in Kuskowo-Ostankino bei Moskau, in dem ihre Leibeigenen spielten und das den besten europäischen Theatern nicht nachstand. 1801 heiratete Nikolaj Scheremetew die beste Sängerin dieses Theater, Praskowja Schemtschugowa. Im Fontannyj Dom verlebten die beiden ihre letzten Jahre: Praskowja starb 1804, drei Wochen nach der Geburt des Sohnes, ihr Mann 1809. Dmitrij Petrowitsch, der einzige Erbe des ganzen riesigen Vermögens, erbte zwar nicht die künstlerische Begabung seiner Eltern, aber dafür deren leidenschaftliche Liebe zur Musik und Kunst. Sein Chor war in ganz Petersburg bekannt. Er unterstützte überdies tatkräftig Künstler, darunter den bedeutenden Porträtmaler Orest Kiprenskij, der sein berühmtes Porträt Alexander Puschkin ebenfalls im Fontannyj Dom malte.
Zu Beginn des 20. Jahrhunderts ließ sich, in einem Seitenflügel des Fontannyj Dom, sozusagen die Poesie selbst in Gestalt der berühmten russischen Lyrikerin Anna Achmatowa (1889–1966) nieder. Gemeinsam mit Ossip Mandelstam gehörte sie zu den führenden Vertretern des Akmeismus. Nachdem in der Sowjetunion von 1922 an keine Gedichte von Achmatowa mehr gedruckt werden durften, erschien 1940 erstmals wieder ein schmaler Auswahlband. Von sowjetischen Ideologen als »bourgeois« verurteilt, wurde Achmatowa erst spät rehabilitiert. Heute gilt sie als bedeutendste russische Dichterin.

Schuwalow-Palais

Etwas weiter flussabwärts, schräg gegenüber dem Scheremetew-Palais, befindet sich das Palais der alten russischen Adelsfamilie Naryschkin-Schuwalow. In den 90er Jahren des 18. Jahrhunderts von einem unbekannten Architekten für die Gräfin Woronzowa errichtet, wurde es 1799 Eigentum Dmitrij Lwowitsch Naryschkins, der vor allem dadurch bekannt war, dass seine Frau, Maria Antonowna, Mätresse des Thronfolgers, des künftigen Zaren Alexander II., war und einige Kinder von diesem hatte, von denen der Zar besonders die Tochter Sofia liebte; ihr Tod im Jahr 1824 war für ihn ein schwerer Schlag.

196

197

198

196. Schuwalow-Palais. 1844–1846. Architekten Bernard Simon und Nikolaj Jefimow

197. Schuwalow-Palais. Paradetreppe

198. Schuwalow-Palais. Blaues Gastzimmer

199. Kuppeln der Dreifaltigkeits-Kathedrale von der Fontanka gesehen

200. Palais Karlowa (in der Mitte). 1790er Jahre 1843. Architekt Wilhelm Langwagen

Im Naryschkin-Palais mit seinen prachtvollen Interieuren und großen Sälen fanden rauschende Bälle und Konzerte statt. 1838 erbte es Lew Alexandrowitsch Naryschkin, und nachdem seine Tochter 1846 den Grafen Pjotr Schuwalow geheiratet hatte, baute der Architekt Bernard Simon das Gebäude wesentlich um. Von den Prunkräumen des Palais sind besonders das Vestibül mit der Paradetreppe, das Goldene, Blaue, und Rote Gastzimmer sowie der Säulensaal mit korinthischen Marmorsäulen und plastischen Panneaus interessant. Seit 1965 befindet sich im Palais das Haus der Völkerfreundschaft. Hier finden Internationale Treffen, Konferenzen, Ausstellungen und Konzerte statt.

Palais Karlowa

Unweit des Scheremetew-Palais liegt das Palais Karlowa, das seinen Namen der letzten Besitzerin, der Gräfin Karlowa, verdankt. An der barocken Fassade des Palais erscheint das Wappen des Herzogs Georg (Georgij Georgijewitsch) von Mecklenburg-Strelitz, ein Urenkel Pauls I. Das ist eine der wenigen erhalten gebliebenen Stadtvillen aus dem 18. Jahrhundert. Außerdem ist mit diesem Haus eine romantische Liebesgeschichte verbunden.

Der Herzog widmete sich ausschließlich dem Militärdienst, liebte jedoch leidenschaftlich Musik, spielte gut Klavier und Cello und gründete sogar ein Quartett für Kammermusik. Musik brachte ihn auch mit seiner künftigen Frau, Natalja Wanljarskaja, einer Zofe seiner Mutter, der Großfürstin Jekaterina Michajlowna, zusammen. Er lernte sie 1884 bei einem Konzert von Anton Rubinstein kennen. Die beiden verliebten sich sofort in einander, doch die Großfürstin war gegen diese Mesalliance. Erst 1890 gab sie schließlich ihre Einwilligung zur Heirat, Natalja Wanljarskaja wurde der Titel der Gräfin von Karlowa (nach einem Gutshof der Herzogsfamilie: Karlowka im Gouvernement Poltawa) verliehen, den dann auch ihre Kinder erbten. Um die Erlaubnis der Mutter zu bekommen, hatte der Herzog sogar auf die Krone des Großherzogs von Mecklenburg-Strelitz verzichtet und trat diese seinem Bruder ab.

Die glücklichen Brautleute wohnten zuerst im Michajlowskij-Palais, zogen dann 1895, nach dem Tod der Großfürstin, in ihr eigenes Haus an der Fontanka um.

199

200

201

202

Marsfeld

Um die Wende vom 18. zum 19. Jahrhundert entstand eine der schönsten Anlagen der Stadt: das Marsfeld. Dieser 500 Meter lange und 300 Meter breite Platz, ehemals Potjeschnoje Polje (Vergnügungsplatz), der wegen des vielen Staubes im Sommer auch »Petersburger Sahara« genannt wurde, erhielt seinen heutigen Namen zu Ehren des Kriegsgottes Mars unter Zar Paul I., der daraus einen Exerzierplatz machte. Hier fanden Truppenschauen und Paraden der ganzen Garde (etwa 15.000 Mann) statt. An der Westseite des Platzes steht stramm das 1818 nach dem Entwurf Wassilij Stassows errichtete riesige Gebäude der Kaserne des

203

Pawlowskij-Leibgarderegiments. Dieses Regiment hatte sich im Großen Vaterländischen Krieg von 1812–1814 ausgezeichnet. Die klassizistische Strenge der Fassade wird vom üppigen Grün des Sommer- und des Michajlowskij-Gartens aufgewogen. Die Grünanlage in der Platzmitte entstand erst 1924, nachdem hier Opfer der Februarrevolution und Teilnehmer der Oktoberrevolution beerdigt waren. In der Mitte des Marsfeldes steht ein Monument zu Ehren der Opfer der beiden Revolutionen. Die Inschriften auf den Grabsteinen stammen größtenteils von Anatolij Lunatscharskij, dem ersten Volkskommissar für Bildungswesen. Zum 40. Jahrestag der Oktoberrevolution wurde hier ein ewiges Feuer entzündet.
Von der Newa trennt das Marsfeld der kleine Suworow-Platz mit einem Denkmal für den Fürsten Alexander Suworow, den größten russischen Feldherren, der keine einzige Niederlage erlitten hat. Der Bildhauer zeigte Suworow in der Gestalt des Gottes Mars als Befreier und Beschützer Italiens.

201. Blick vom Dach des Michael-Schlosses
202. Marsfeld vom Dach des Michael-Schlosses gesehen
203. Denkmal für den Generalissimus Alexander Suworow

206

207

208

Christi-Auferstehungs-Kirche (»Erlöser-Kirche auf dem Blute«)

Die Errichtung von Kirchen anlässlich eines wichtigen Ereignisses ist eine alte Tradition in der russischen Baukunst. Christi-Auferstehungs-Kirche oder Sspas-na-krowi (»Erlöser-Kirche auf dem Blute«) wurde an der Stelle gebaut, wo eine Gruppe von Terroristen der Bewegung Narodnaja Wolja (Volkswille) am 1. März 1881 ein Attentat auf Alexander II. verübte, das sowohl dem Zaren als auch dem Studenten Ignatij Grinewizkij, einem der beiden Bombenwerfer, das Leben kostete. Daher der geläufigere Name »Sspas-na-Krowi«.
Die ersten Bauentwürfe lehnte Alexander III. ab, da er an dieser historischen Stelle »eine Kirche im ausgesprochen russischen Stil des 17. Jahrhunderts« sehen wollte. Schließlich fiel seine Wahl auf das Projekt des Architekten Alfred Parland und des Archimandriten (Titel höherer Geistlicher) Ignatij Malyschew.

← ←
204–206. Christi-Auferstehungs-Kirche (»Erlöser-Kirche auf dem Blute«) 1883–1907. Architekten Alfred Parland und Ignatij Malyschew

207. Jegor Botman. ? – 1891. *Porträt Alexander II.* 1856

208. Gitterzaun des Michajlowskij-Gartens vor der Christi-Auferstehungs-Kirche

209. Christi-Auferstehungs-Kirche. Südfassade

210. Mittelschiff mit Blick auf die Ikonostase →

Слушай
те слов
Господ
сыны
Израи

211

212

213

Christi-Auferstehungs-Kirche ist ein einzigartiges Museum für Mosaikkunst

Die Bau- und Ausstattungsarbeiten dauerten 24 Jahre, von 1883 bis 1907. Die 81 Meter hohe Kirche nimmt eine Fläche von über 1.642 Quadratmetern ein. Sie ist mit 308 Mosaikbildern und mit Marmor und Halbedelsteinen reich dekoriert. Insgesamt ist an den Außen- und Innenwänden eine Fläche von 6.560 Quadratmetern mit Mosaiken bedeckt. Neben traditionellen ikonographischen Sujets wurden in dieser Technik beispielsweise auch Wappen der russischen Städte ausgeführt (am Glockenturm).

Die Entwürfe für die Mosaike lieferten 25 Künstler, darunter solche herausragenden Maler wie Viktor Wasnezow – *Erlöser* und *Gottesmutter mit Kind* im Innern der Kirche –, Michail Nesterow – *Acheiropoietos* (Nach der Überlieferung nicht von Menschenhand auf ein Tuch gemaltes Antlitz Christi – *Griech., nicht mit Händen gemalt.*) und *Christi Auferstehung* an den Fassaden sowie einige Darstellungen im Innern –, Nikolaj Charlamow, der 42 Bilder entwarf, darunter Pantokrator (Herrscher des Alls – *Griech.*) in der Hauptkuppel, Andrej Rjabuschkin und Wassilij Beljajew.

Im Innern der Kirche gibt es keine Ölbilder, die Wände sind fast völlig mit Mosaiken bedeckt. Eines der interessantesten Bilder ist *Eucharistie* von Nikolaj Charlamow. Im Unterschied zum historischen Darstellungstypus des Abendmahls, bei dem Christus den Verrat des Judas voraussagte, handelt es sich beim liturgischen Darstellungstypus um die Apostelkommunion durch Christus: Mit der Rechten reicht Er seinen Jüngern Brot (»Nehmet, esset; das ist mein Leib!«) und mit der Linken einen Kelch mit Wein (»Trinket alle daraus; das ist mein Blut des Bundes, das vergossen wird für viele zur Vergebung der Sünden«).

211. Nordwestlichen Pylon. Mosaik *Christus vor Kaiphas*. Nach der Skizze von N. Schachowskoi

212. Nordwestlichen Bogen. Mosaik *Auferstehung des Lazarus*. Nach dem Original von M. Titow

213. Hauptaltar. Mosaik *Eucharistie*. Nach der Skizze von Nikolaj Charlamow

214. Südwestlichen Pylon. Mosaik *Christus vor Pilatus*. Nach dem Original von Nikolaj Bodarewski

215. Hauptkuppel. Mosaik *Christus Pantokrator*. Nach dem Original von Nikolaj Charlamow →

214

217

Christi-Auferstehungs-Kirche ist ein Denkmal der russisch-orthodoxen Kirchenbaukunst

Seit den 30er Jahren des 19. Jahrhunderts kam in Russland der »neorussische Stil« auf, ein Versuch, auf die Traditionen der altrussischen Kirchenbaukunst zurückzugreifen. In Architektur und Dekor verwendete Parland Motive und Techniken, die für die Basilius-Kathedrale in Moskau – damals eine Art Symbol der Volkstümlichkeit in der russischen Architektur – charakteristisch sind. Malyschew hatte den Namen der künftigen Kirche und den Grundriss in Form von fünf Blättern der Immortelle («die Unsterbliche», Strohblume) vorgeschlagen.

Die Christi-Auferstehungs-Kirche ist ein Denkmal der Kunst und Geschichte. Vor ihren Erbauern stand eine besondere Aufgabe: die Stelle, an der Blut vergossen wurde, in das Interieur einzuschließen. An dieser Stelle (im Westteil des Gebäudes), über den blutbespritzten Pflastersteinen, wurde ein Baldachin aus Halbedelsteinen errichtet.

Eine weitere architektonische Besonderheit des Gebäudes besteht darin, dass es kein Portal in der Mitte hat: Statt dessen befinden sich zu beiden Seiten des Glockenturms zwei Vorhallen mit Eingängen.

Bis vor wenigen Jahren war bei uns die negative Einstellung zum »neorussischen Stil« vorherrschend, die auf der Ablehnung dieser beachtenswerten Erscheinung in der russischen Architektur durch die Baukunsthistoriker des späten 19. und frühen 20. Jahrhunderts beruhte. Viele Bauten wurden in der Sowjetzeit gnadenlos zerstört, andere, umfunktioniert in Lagerräume, Schwimmhallen u.ä., siechten dahin, büßten ihr ursprüngliches Antlitz ein und warteten still auf den Untergang. Um so erfreulicher ist es deswegen zu sehen, dass sich Fachleute fanden, die diese schönen Bauwerke vor der Öffentlichkeit und den Stadtbehörden rehabilitierten. So erlebte schließlich auch die Christi-Auferstehungs-Kirche ihre Wiedergeburt. 1970 wurde die Kirche dem Museum »Die Isaak-Kathedrale« übergeben und somit zu neuem Leben erweckt.

←
216. Kuppeln der Christi-Auferstehungs-Kirche

217. Christi-Auferstehungs-Kirche. Mosaik *Kreuzigung.* Nach der Skizze von Alfred Parland

218. Gribojedow-Kanal und Christi-Auferstehungs-Kirche

219. Blick auf die Christi-Auferstehungs-Kirche (Erlöser auf dem Blute) und das Michael-Schloss (Ingenieur-Burg) →

9

221

Michael-Schloss (Ingenieur-Burg)

Das Michael-Schloss (auch Ingenieur-Burg genannt) verdankt seinen ersten Namen der Schlosskirche, die dem Erzengel Michael geweiht war. In diesem seltsamen Bauwerk, von Wassergräben umgeben, voll von Geheimtreppen und Verstecken, kamen düstere romantische Fantasien des »russischen Hamlet« zum Ausdruck. Es diente aber nicht lange als Zarenresidenz: Bereits vierzig Tage nach seiner Übersiedlung in das Schloss, in der Nacht vom 11. zum 12. März 1801, wurde Paul I. von Verschwörern, Offizieren seiner eigenen Leibgarde, ermordet.

Paul I. wurde am Hofe seiner Großmutter, der Kaiserin Elisabeth, erzogen. Elisabeth liebte den Enkel und wollte ihn sogar (statt seines Vaters) zum Thronfolger erklären. Katharina II. aber war er von klein auf verhasst gewesen, weshalb sie sich nie um ihn gekümmert hatte. Seine Regierungszeit eröffnete er mit einer Welle von Reformen. Diese Reformen lösten Unzufriedenheit des Hochadels aus, die schließlich in einer Verschwörung unter der Anführung des Grafen Peter von der Pahlen gipfelte.

Vor der Paradeeinfahrt, in der Ahornallee, die zur Hauptfassade führt, steht ein Reiterstandbild von Peter dem Großen, ein Werk Rastrellis des Vaters. Der Sockel trägt die Inschrift: »Dem Urgroßvater der Urenkel, 1800«. Seit 1823 befand sich im Schloss eine Militäringenieur-Schule, daher der zweite Name des Gebäudes. 1837–1842 studierte hier Fjodor Dostojewskij, der »Petersburgischste aller russischen Schriftsteller«, der allerdings Petersburg nicht liebte und die Europäisierung Russlands durch Peters Reformen missbilligte.

←
220. Blick auf das Michael-Schloss, das Marsfeld und die Peter-Paul-Festung

221. Blick vom Dach des Michael-Schlosses

222. Michael-Schloss. 1784–1800.
Architekt Wassilij Bashenow und Vincenzo Brenna

223. Stepan Stschukin. *Porträt Paul I.*

224. Michael-Schloss. Südfassade

225. Michael-Schloss. Erzengel-Gabriel-Kirche. Ikonostas

223

224

222

225

Sommergarten

Fast gleichzeitig mit der Gründung St. Petersburgs, im Jahre 1704, wurde der berühmte Sommergarten angelegt, eines der schönsten und bemerkenswertesten Denkmäler der Gartenkunst des 18. Jahrhunderts. Unter Zar Peter wurden solche Gärten als »holländisch« bezeichnet, da Peter sie erstmalig in Holland gesehen hatte. Sie wurden mit Statuen der antiken Götter geschmückt. Auch im Sommergarten stand unter Peter dem Großen eine originale antike Skulptur: Venus, die sich heute in der Ermitage befindet. Die anderen Plastiken sind vorwiegend Werke italienischer Bildhauer und stammen aus dem frühen 18. Jahrhundert.
Zum Newa-Kai hin wird der Sommergarten durch ein herrliches schmiedeeisernes, in Schwarz und Gold gehaltenes Gitter mit monolithischen Granitsäulen, ein Werk Juri Veltens und Pjotr Jegorows aus den Jahren 1773–1784, abgeschlossen.

227

228

226. Michael-Schloss vom Teich des Sommergartens gesehen

227. Gitterzaun des Sommergartens. 1771–1784. Architekten Jurij Velten und Pjotr Jegorov

228. Sommergarten. Skulptur *Ceres*. Ende des 17. Jh. Bildhauer Thomas Quellinus

229

230

231

Sommerschloss Peters des Großen

1711–1712 wurde im Nordostteil des Sommergartens das kleine Sommerschloss Peters des Großen gebaut, das gegen die Traditionen nicht den Mittelpunkt des Park- und Schloss-Ensembles bildete, sondern ausschließlich als Wohnhaus des Zaren und seiner Familie bestimmt war. In Übereinstimmung mit dem Geschmack des Zaren erinnert es an ein holländisches Haus und ist mit der einen Fassade der Newa, mit der anderen der Fontanka zugewandt. Früher konnte man unmittelbar vom Wasser in das Schloss gelangen, denn direkt davor gab es ein Becken – einen »Hafen«, der mit dem Fluss verbunden war. Heute befindet sich im Sommerschloss Peters ein Museum. Die in ihrer ursprünglichen Form restaurierten Interieurs vermitteln eine Vorstellung vom alltäglichen Leben des Zaren.

229. Sommerschloss Peters des Großen. 1711–1712. Architekten Domenico Trezzini und Andreas Schlüter

230. Gitterzaun des Sommergartens an der Südseite. Detail

231. Sommerschloss. Schlafzimmer Peters des Großen

232. Sommergarten. Dekorative Skulpturen

233. Sommergarten. Skulpturengruppe *Frieden und Fülle*. 1722. Bildhauer Pietro Baratta

234. Sommergarten. Haupttor

232

233

234

235

236

Marmorpalais

Der schönste Kai St. Petersburgs, der Dworzowaja Nabereschnaja (Schloss-Kai), verdankt seinen Namen einer ganzen Reihe von prachtvollen Palais, die der Uferstraße ein besonderes Gepräge geben. Fast die Hälfte des Kais nimmt der Baukomplex der Ermitage ein, bei den restlichen Bauten handelt es sich hauptsächlich um Palais und Villen von Mitgliedern der Zarenfamilie.

Das älteste großfürstliche Palais am Schlosskai ist das Marmorpalais, ein Denkmal des frühen Klassizismus. Seine Fassaden und Innenräume sind mit verschiedenen Marmorarten dekoriert. Von den Prunkräumen blieben nur die Paradetreppe und teilweise der Große Saal erhalten. Obwohl die Marmorverkleidung im rauhen und feuchten Petersburger Klima gedunkelt ist, gilt das Gebäude zu Recht als eine Perle des Frühklassizismus in der russischen Baukunst.

Der erste Besitzer des Marmorpalais war der Favorit Katharinas II., Graf Grigorij Orlow, dem sie es schenkte, der jedoch 1783, lange vor Abschluss der Bauarbeiten, starb. Die Zarin kaufte das Palais von Orlows Erben zurück und machte es ihrem Enkel, dem Großfürsten Konstantin Pawlowitsch zum Geschenk. 1832 schenkte Nikolaus I. das Marmorpalais seinem zweiten Sohn, dem Großfürsten Konstantin Nikolajewitsch, dem – und später einem seiner Kinder, dem Großfürsten Konstantin Konstantinowitsch –, es bis zum 18. Mai 1918 gehörte. Der Letztgenannte verband seine militärische Karriere mit Musik, Theater und Literatur. Er war ein bekannter russischer Dichter des »Silbernen Zeitalters«, der seine Werke mit »K.R.« (Konstantin Romanow) signierte. 70 seiner Gedichte wurden von Pjotr Tschajkowskij, Sergej Rachmaninow und anderen Komponisten vertont.

Zur Zeit gehört das Marmorpalais zum Russischen Museum. Im Innenhof sieht man heute vor der Hauptfassade ein Reiterstandbild Alexanders III. von Paolo Trubezkoj, das bis 1936 auf dem Platz

237

238

vor dem Moskauer Bahnhof gestanden hat. Dieses Denkmal löste widersprüchliche Reaktionen der Zeitgenossen aus. Viele sahen darin eine Karikatur des Zaren; in Wirklichkeit aber wollte der Bildhauer ihn als einen Recken aus den Russischen Heldenepen darstellen.

Alexander III. (1845–1894), Sohn Alexanders' II., verheiratet mit Prinzessin Dagmar (Maria Fjodorowna) von Dänemark, beendete bzw. revidierte in Reaktion auf die Ermordung seines Vaters durch eine Gruppe der Terroristenorganisation »Volkswille« liberalen Reformen und Reformansätze und kehrte zur autokratischen Regierungsform Nikolaus' I. zurück. Das Denkmal sollte ursprünglich auf dem Gipfel des höchsten Berges des Urals, an der Grenze zwischen Europa und Asien, als Symbol der Stärke und Unbesiegbarkeit des Russischen Reiches aufgestellt werden.

235. Schloss-Kai

236. Stefano Torelli. 1712–1780
Porträt des Grafen Grigorij Orlow. Nicht vor 1763

237. Marmorpalais. Marmorsaal

238. Marmorpalais. 1768–1785.
Architekt Antonio Rinaldi

239

240

Palast des Großfürsten Wladimir Alexandrowitsch (Haus der Gelehrten)

Heute sind in den meisten großfürstlichen Residenzen am Schlosskai wissenschaftliche Einrichtungen und Forschungsinstitute untergebracht. So befindet sich zum Beispiel im Palast des Großfürsten Wladimir Alexandrowitsch das Haus der Gelehrten.

Der Besitzer des Palastes, der Sohn Alexanders II., ist vor allem dadurch bekannt, dass er 34 Jahre lang (1876–1910) Präsident der Akademie der Künste war. Wie auch andere Villen in diesem Stadtteil nimmt der Palast das Territorium zwischen der Newa und der Millionnaja-Straße (da der Boden in der Nähe des Zarenpalastes sehr teuer war und es sich nur Millionäre leisten konnten, hier zu wohnen) ein.

Dem Außendekor der Hauptfassade liegen Motive der italienischen Renaissance zugrunde. Hauptfassade und Haupteingang sind mit Plastiken geschmückt, die die Wappen der Romanows und verschiedener Provinzen Russlands darstellen. Besonders schön sind die erhaltenen Interieure, vor allem die Paradetreppe im Stil der französischen Renaissance. Im Treppenhaus sind auch Malereien und Skulpturen zu sehen.

Eines der ersten Gemälde im Palast waren Ilja Repins berühmte *Wolgatreidler* (heute im Russischen Museum, St. Petersburg). Doch der Hauptschatz und Stolz des Besitzers war eine außerordentlich reiche Sammlung von Kunstwaffen. Nach dem Tod des Großfürsten wohnte seine Frau, Maria Pawlowna, geborene Prinzessin von Mecklenburg-Schwerin, im Palast.

Nach der Oktoberrevolution wurden das Gebäude und die umfangreiche und wertvolle Bibliothek dank der »Kommission zur Verbesserung der Lebensbedingungen der Gelehrten«, die darin ihren Sitz nahm und dem Gebäude auch seinen heutigen Namen gab, vor einer Plünderung gerettet.

239. Palast des Großfürsten Wladimir Alexandrowitsch (Haus der Gelehrten). 1867–1872. Architekt Alexander Resanow

240. Paradetreppe

241. Rotes Gastzimmer

242

Peter-Kai

Während beispielsweise der Schlossplatz erst gegen Mitte des 19. Jahrhunderts sein heutiges Aussehen bekam und keine Umgestaltungen mehr erlebte, behielt der älteste Platz der Stadt, der Troizkaja (Dreifaltigkeits-)-Platz vor der Peter-Paul-Festung, nur seine ursprünglichen Grenzen. Seinen Namen verdankt er der nicht erhaltenen hölzernen Dreifaltigkeits-Kirche. Aus den ersten Tagen des Bestehens St. Petersburgs stammt hier, auf der Petrograder Seite, nur das Häuschen Peters des Großen. Es wurde 1703 innerhalb von drei Tagen, vom 24. bis zum 26. Mai, aus Balken gebaut. Von hier aus leitete Zar Peter den Bau der Stadt. Später ließ Katharina II. – um das Bauwerk vor Witterung zu schützen – die Rundhölzer mit Steinen verkleiden.

Das kleine Haus (12 x 5,5 x 5,72 m) hat nur drei Zimmer: ein Kabinett, ein Speisezimmer und ein Schlafzimmer. Alle russischen Monarchen, angefangen mit Elisabeth, hüteten dieses Denkmal der Geschichte wie ein Reliquie. Das Ufer vor dem Haus wurde befestigt und der Garten 1875 mit einem Gitterzaun umgeben. Der Kai trägt den Namen Peters des Großen.

In der Nähe des Häuschens Peters des Großen befindet sich die Nachimow-Marine-

243

kadettenschule. Vor diesem Gebäude liegt seit 1948 der legendäre Panzerkreuzer »Aurora«, ein ungewöhnliches Denkmal der Oktoberrevolution. Er hat eine lange und interessante Geschichte. 1903 vom Stapel gelaufen, erhielt das Schiff im Russisch-Japanischen Krieg (1904–1905) seine Feuertaufe.

Im Februar 1917 bemächtigten sich die Matrosen des Kreuzers und hissten die rote Fahne. Am 25. Oktober 1917 lief die »Aurora« auf Befehl des Militärkomitees der Revolution in die Newa ein, machte in der Nähe der Blagowestschenski-Brücke fest, gab mit einem Blindschuss das Sig-nal zum Sturm auf den Winterpalast und leitete damit die Revolution ein. Nach dem Zweiten Weltkrieg wurde sie als Schulschiff verwendet. Seit 1956 ist es eine Filiale des Zentralen Kriegsmarinemuseums.

244

242. Troizkij-Brücke und Peter-Paul-Festung vom Kutusow-Kai gesehen

243. Peter-Kai. Mythologische Gestalten Schi-Zsa. 1907 aus der Mandschurei gebracht

244. Häuschen Peters des Großen vom Peter-Kai gesehen

245

Kamennoostrowskij-Prospekt
Palais Kschessinskaja

Die Petrograder Seite wurde erst Ende des 19. Jahrhunderts bei reichen und vornehmen Petersburgern beliebt. Seit dieser Zeit begann die Bebauung der Hauptstraße dieses Stadtbezirks, des Kamennoostrowskij-Prospekts, der »Champs-Élysées St. Petersburgs«. Das architektonische Antlitz des Kamennoostrowskij-Prospekts bildete sich in den letzten Jahren vor der Revolution endgültig heraus. In dieser Zeit wurde der gleichzeitig mit dem Jugendstil entstandene Retrospektivismus in der Baukunst vorherrschend. Die beiden Tendenzen unterschieden sich in ihrer Beziehung zur Vergangenheit. Im Unterschied zum Jugendstil brach der Retrospektivismus nicht mit vergangenen Epochen, sondern nutzte kompositionelle Prinzipien der Architektur verschiedener Stile und Richtungen, zum Beispiel der Renaissance. Das Haus Nr. 77 auf

246

247

dem Bolschoj-Prospekt der Petrograder Seite zeigt beispielsweise Stilelemente Andrea Palladios. An den Ecken der dem Leo-Tolstoj-Platz zugekehrten Fassade erscheinen Türme mit Balustraden.
In der 1906 vom Architekten Alexander von Gogen erbauten Jugendstilvilla Mathilde Kschessinskajas, der berühmten Ballerina der Kaiserlichen Theater und der ersten Liebe Nikolaus II. (diese Liebesgeschichte dauerte drei Jahre, dann lernte Kschessinskaja 1900 den Großfürsten Alexander Wladimirowitsch kennen und bekam von ihm einen Sohn), einer der ersten Villen, die in diesem Stadtteil gebaut wurden, war bis 1992 das Revolutionsmuseum untergebracht. Vom Balkon der Villa hielt Lenin 1917 nach seiner Rückkehr aus der Emigration eine historische Rede vor einer großen Menschenmenge.
In diesem Gebäude, in dem nicht nur das Privatleben der Kschessinskaja verlief und für ihre Auftritte geprobt wurde, fanden auch Empfänge statt; oft wurde das Haus vom Zaren und vielen Mitgliedern der Zarenfamilie besucht.
1917 nahm – eine bittere Ironie des Schicksals – der Stab der Bolschewiken seinen Sitz darin. Heute befinden sich hier das Museum der politischen Geschichte Russlands und das Wachsfiguren-Museum. Abgesehen von der personifizierten Geschichte lohnt das Gebäude auch vom architektonischen Standpunkt aus einen Besuch. Es ist nämlich ein charakteristisches Beispiel des Petersburger Jugendstils, der sich durch freie asymmetrische Planung, unterschiedliche Dimensionen von Einzelteilen bei deren organischer Ganzheit und eine Vorliebe für stilisierte Tier- und Pflanzenmotive im Dekor auszeichnet.
Zur Zeit sind viele Interieure restauriert. Ein Teil der Exposition ist der ehemaligen Besitzerin der Villa, Mathilde Kschessinskaja, gewidmet.

248

245. Palais Kschessinskaja. 1904–1906. Architekt Alexander von Gogen

246. Haus K.I. Rosenstein. 1913–1916. Architekt Andrej Belogrud

247. Haus des Kaufmanns Brandt. Architekt Robert Melzer. Detail der Fassade

248. Österreichischer Platz

Brücken St. Petersburgs

Während der Regierungszeit Peters des Großen gab es noch keine Brücken über die Newa. Der Zar wollte, dass seine Untertanen seine leidenschaftliche Liebe zum Wasser teilten und ihren Kutschen Boote vorzogen. Er bürgerte den Brauch ein, sein Gefolge auf Ruder- und Segelbooten spazieren zu fahren. Manche seiner armen Fahrgäste beteten lange vor den heiligen Bildern, bevor sie sich dann mit Grauen an Bord wagten und die gefährlichen Ausflüge mitmachten. Erst nach dem Tod des »Seemannzaren« baute man drei Schwimmbrücken, die im Frühling, während des Eisgangs, und im Herbst, wenn die Newa zufror, abmontiert wurden. Die ersten Dauerbrücken entstanden erst in der Mitte des 19. Jahrhunderts.

Wenn die Newa die »Hauptstraße« der Stadt ist, so sind die Flüsse Fontanka und Mojka sowie die zahlreichen Kanäle und Durchflüsse ihre Nebenstraßen und Gassen. Dementsprechend ist die Anzahl der Brücken.

249

250

251

St. Petersburg schmücken unheimlich viele gusseiserne, steinerne oder bronzene Löwen. Der König der Tiere war bei Herrschern schon immer beliebt, da er bereits in vorchristlicher Zeit Stärke und Wachsamkeit bedeutete und als Sinnbild der Macht galt. In der Petrinischen Epoche wurden Löwen oft besiegt und bezwungen gezeigt: Russland hatte ja die Schweden im Nordischen Krieg von den Newa-Ufern vertrieben, also diente der Löwe aus dem Staatswappen Schwedens als Symbol des Sieges über Karl XII. Aber bald erhielt der Löwe seine königliche Würde zurück und ließ sich für immer in St. Petersburg und dessen Umgebung nieder.

Weite Verbreitung fanden symmetrisch angebrachte Löwenpaare, die Paradeeingänge der Palais, Freitreppen oder granitene Anlegestellen flankieren. Vor der Stadtvilla des Grafen Besborodko kam sogar ein ganzes Rudel zusammen – 29 Löwen, die als Pfosten des Zauns dienen.

249. Fontanka. Staro-Kalinkin-Brücke. 1780er Jahre. 1892–1893. Architekt Michail Ryllo

250. Gribojedow-Kanal

251. Fontanka

Auf einer kleinen Fußgängerbrücke – der Löwenbrücke über dem Gribojedow-Kanal – sitzen paarweise vier 2,23 Meter hohe Löwen, die in ihren Zähnen Stahltrossen festhalten (es ist eine Hängebrücke). In den hohlen Körpern der Tiere sind die Trossen verankert und die Brückenmechanismen versteckt.

Von eleganter Schönheit war die Ägyptische Brücke. Am 20. Januar 1905, als ein Trupp Soldaten über die Brücke marschierte, brach sie plötzlich zusammen. Sie wurde erst 1956 wiederhergestellt, büßte aber ihren einstigen Schmuck ein, nur die rätselhaften Sphinxe und die vier Obelisken nahmen wieder ihre alten Plätze ein.

Von den Fontanka-Brücken behielten nur zwei ihr ursprüngliches Aussehen: die Tschernyschow- (auch Lomonossow-Brücke genannt) und die Staro-Kalinkin-Brücke. Aber auch bei diesen beiden Brücken blieb nur die architektonische Form erhalten, denn sie wurden von Grund auf erneuert. In den Türmen befanden sich früher die Zugmechanismen, die mittlere Brückenöffnung war aus Holz und konnte hochgezogen werden, damit die größeren Schiffe darunter fuhren.

In den Jahren 1760–1790 vollendete Jean-Baptiste Vallin de La Mothe die edle »Geometrie« der großen Holzlager der Admiralität, des sogenannten »Neu-Holland«, indem er einen majestätischen

252. Krjukow-Kanal

253. Gribojedow-Kanal. Löwenbrücke. 1825–1826.
Ingenieur Wilhelm von Traitteur, Bildhauer Pawel Sokolow

254. Fontanka-Kai

255. Malo-Kalinkin-Brücke über den Gribojedow-Kanal

254

253

255

256

257

Torbogen errichtete und der ganzen Anlage etwas Paradehaftes verlieh. Durch seine romantische Schönheit inspirierte »Neu-Holland« viele Künstler und Dichter. »An der Mojka gibt es eine Insel, umgeben von einer hohen roten Mauer. Über dem Kanal, der diese Mauer durchbricht, spannt sich ein majestätischer Torbogen, würdig auch die Ewige Stadt zu schmücken. Er schwebt über dem Wasser und lädt gleichsam die siegreichen Galeeren ein, darunter zu fahren. Doch er steht einsam in einem stillen Stadtwinkel und mutet wie ein Gespenst an. Nur die schwarzen Schiffsmasten verharren davor im geisterhaften Licht der weißen Nächte«, schrieb darüber der Petersburger Heimatforscher Nikolaj Anziferow.

256. Gribojedow-Kanal und Löwenbrücke

257. »Neu-Holland«. Triumphtor. 1765–1780. Architekt Jean-Baptiste Vallin de La Mothe

258. Mojka-Kai

259. Mojka-Fluss und Krjukow-Kanal

Jussupow-Palais

Nicht weit von »Neu-Holland« liegt am Mojka-Kai das Palais Jussupow, in dem in der Nacht vom 15. zum 16. Dezember 1916 Grigorij Rasputin ermordet wurde, dessen Tod eine Art Prolog zu den blutigen Ereignissen von 1917 bildete (Rasputin hatte nämlich prophezeit, dass nach seinem Tod der russische Thron fallen würde). Dieser sibirische Bauer, ein Hellseher und Wundertäter, verkörperte für Nikolaus II. und seine Frau Alexandra Fjodorowna die mystische Verbindung eines rechtgläubigen Herrschers mit seinem Volk. Dazu schien er ihnen als Wunderheiler und Mensch mit unbestrittenen übernatürlichen Kräften für den Thronfolger, der an Hämophilie (Bluter-Krankheit) litt, unentbehrlich.
Der Fürst Felix Jussupow sammelte 1916 einige junge Männer um sich, monarchistisch gesinnte Vertreter des Hochadels, zu denen unter anderem der Großfürst Dmitrij Pawlowitsch und der Deputierte der Staatsduma Wladimir Purischkewitsch gehörten, um die Monarchie zu retten, die sie vor allem aufgrund des »verderblichen Einflusses« Rasputins auf den Zaren gefährdet sahen. Sie verurteilten Rasputin zum Tode.
Das Urteil wurde im Jussupow-Palais, in einem Zimmer des Kellergeschosses, vollstreckt. Allerdings mit großen Schwierigkeiten, da dem unverwüstlichen sibirischen Bauern weder Zyankali noch ein Schlag

258

259

mit einem Schlagring auf den Kopf, ja nicht einmal zwei Revolverkugeln scheinbar etwas anhaben konnten. Der Tod trat erst ein, nachdem das Opfer in den Mojka-Fluss geworfen worden war. Heute wird den zahlreichen Besuchern des Palais – den Ausländern wie den Einheimischen – das Zimmer gezeigt, wo sich diese Tragödie abspielte.
Der erste Besitzer des in den 1830er Jahren von Andrej Michajlow II aus einer alten Stadtvilla umgebauten Palais war der steinreiche Würdenträger Fürst Nikolaj Borissowitsch Jussupow. Er hatte ein eigenes Theater, dessen Truppe aus seinen Leibeigenen bestand, und trug eine großartige Kunstsammlung zusammen. Nikolaj Borissowitsch lebte unter vier Zaren und war Träger aller russischer Orden. Unter Nikolaus I. erhielt er eine eigens für ihn erfundene Auszeichnung: eine Perlenepaulette. Seine Frau Tatjana Wassiljewna, eine Nichte des Fürsten Grigorij Potjomkin, sammelte Edelsteine. Aus ihrer Kollektion waren besonders der Diamant »Der Nordstern«, die Perle des spanischen Königs Philipp II. »Peregrina« und die Ohrringe der Maria-Antoinette berühmt.
Der letzte Besitzer des Jussupow-Palais war der Graf Felix Sumarokow-Elston der Ältere, Fürst Jussupow. Den Fürstentitel erhielt er auf eine Sonderanordnung Alexanders III., als er die letzte Vertreterin der Familie Jussupow, die außerordentlich reiche und schöne

Sinaida Nikolajewna, die ihre Zeitgenossen als ein »Symbol der Epoche« bezeichneten, heiratete. Ihr jüngster Sohn Felix war es, der als Hauptmörder Rasputins in die Geschichte einging.

Entsprechend dem Reichtum dieser Familie war auch die Innenausstattung des Palais. Besonders schön sind der Weiße Säulensaal, der Tanzsaal, die Große Rotunde, das Rote, Blaue und Maurische Gastzimmer, das Türkische Kabinett und natürlich die Paradetreppe. In dem prachtvollen Theater des Jussupow-Palais, das eine Sehenswürdigkeit für sich ist, finden heute Konzerte mit klassischer Musik statt.

Nach der Oktoberrevolution von 1917 wurde im Jussupow-Palais eine Kunstgalerie eröffnet, die aber sehr bald in die Ermitage wanderte. In den Nachriegsjahren etablierte sich in dem restaurierten Palais das sogenannte Haus der Lehrer.

260

261

263

262

264

260. Jussupow-Palais. 1830–1838.
Architekt Andrej Michajlow II.

261. Zuschauerraum des Theaters im Jussupow-Palais

262. Jussupow-Palais. Maurisches Gastzimmer

263. Valentin Serow. 1865–1911
Porträt Sinaida Jussupowa. 1902

264. Jussupow-Palais. Boudoir

Mariinskij-Theater

Das Haupttheater für Oper und Ballett war in St. Petersburg seit der zweiten Hälfte des 19. Jahrhunderts das berühmte Mariinskij-Theater. Die erste Saison eröffnete das Theater am 2. Oktober 1860 mit der Aufführung der Oper »Das Leben für den Zaren« (»Iwan Sussanin«) von Michail Glinka. Diese Bühne sah Uraufführungen heute weltbekannter Werke von Pjotr Tschajkowskij, Modest Mussorgskij, Nikolaj Rimskij-Korsakow, Alexander Glasunow und Dmitrij Schostakowitsch. Hier wirkte der Franzose Marius Petipa. Unter seiner Leitung entwickelte sich das Theater zum Ballettzentrum der Welt. Hier traten solche weltberühmten Ballett-Stars wie Anna Pawlowa, Mathilde Kschessinskaja, Tamara Karssawina, Michail Fokin und Waclaw Nijinskij auf, sangen Leonid Sobinow

265

266

267

268

und Fjodor Schaljapin. Bühnenbilder und Kostüme entwarfen in dieser Periode die namhaften Künstler Alexander Benois, Konstantin Korowin und Alexander Golowin, von dem auch der heutige Vorhang stammt. Viele Solisten der Balletttruppe traten in Sergej Djaghilews berühmten »Balletts Russes« in Paris auf. Hier debütierte Galina Ulanowa. Auf dieser Bühne tanzte die berühmte Agrippina Waganowa, deren Namen heute die Petersburger Ballettschule trägt. Heute sind die einzigartige Balletttruppe und viele Sänger nicht nur in Russland, sondern auch in der ganzen Welt bekannt.

265. Mariinskij-Theater.
Architekten Albert Kavos (1847–1849, 1859) und Viktor Schröter (1883–1886, 1894)

266. Oper *Fürst Igor* von Alexander Borodin

267. Ballett *Dornröschen* im Mariinskij-Theater

268. Mariinskij-Theater. Zuschauerraum

270

271

272

St.-Nikolaus-Marine-Kathedrale

Im Stadtteil, in dem sich die St.-Nikolaus-Marine-Kathedrale (Nikolskij Morskoi sobor) befindet, wohnten ehemals viele Seeleute: Er war in der Mitte des 18. Jahrhunderts mit Kasernen und Häusern des Kriegsmarine-Amtes bebaut, daher der Name der Kathedrale. Diese von Sawwa Tschewakinskij, einem Schüler Rastrellis, in den Jahren 1753–1762 zwischen Gribojedow- und Krjukow-Kanal errichtete Kirche gehört zu den bemerkenswertesten Baudenkmälern St. Petersburgs. Der erste Gottesdienst fand hier am 14. September 1770, nach dem Sieg der russischen Flotte in der Schlacht bei Tsche-schme, statt. Das Gebäude mit fünf vergoldeten Kuppeln besteht aus zwei Stockwerken: einer Winterkirche und einer darüber liegenden Sommerkirche. Dem Interieur verlieh Tschewakinskij Züge der Palastarchitektur. Eine besondere Rolle

←
269. Kuppel der Nikolaus-Kathedrale
270. Blick auf die St.-Nikolaus-Marine-Kathedrale
271. Obere Kirche. Innenansicht
272. Ikone *St. Nikolaus der Wundertäter*
273. St.-Nikolaus-Marine-Kathedrale. 1753–1762. Architekt Sawwa Tschewakinskij

275

276

im Innendekor kommt der üppigen vergoldeten Holzschnitzerei zu. Der herrliche Ikonostas ist im barocken Stil geschnitzt, vergoldet und bemalt. Die Ikonen stammen aus dem 18. Jahrhundert. Die Gesamtkomposition schließt auch Skulpturen ein.
Eine der wertvollsten Ikonen in der St.-Nikolaus-Marine-Kathedrale ist *St. Nikolaus der Wundertäter*. St. Nikolaus war und bleibt einer der Lieblingsheiligen der russisch-orthodoxen Kirche, da er als Beschützer Russlands gegen die Tataren und alle anderen Feinde galt.
Ein untrennbarer Teil des Bauensembles der St.-Nikolaus-Marine-Kathedrale ist der im angrenzenden Garten, direkt am Ufer des Krjukow-Kanals aufragende schlanke dreigeschossige Glockenturm von besonders eleganter Form. An sonnigen Tagen und in den märchenhaft schönen »weißen« Petersburger Nächten spiegelt er sich im Wasser des Kanals und ist aus diesem romantischen Winkel nicht wegzudenken.

274. St.-Nikolaus-Marine-Kathedrale

275. Krasnogwardejskij-Brücke an der St.-Nikolaus-Marine-Kathedrale

276. Gribojedow-Kanal

277

278

St.-Alexander-Newskij-Kloster

Seinen Namen verdankt das 1710 gegründete Kloster dem herausragenden Feldherrn und Staatsmann des 13. Jahrhunderts Alexander Jaroslawowitsch, Fürst von Nowgorod, der für seine glänzenden Siege – über die Schweden an der Mündung der Ishora in die Newa im Jahre 1240 (daher der Beiname Newskij: »von der Newa«) und die deutschen Kreuzritter 1242 (in der »Eisschlacht auf dem Peipussee«) – und seinen Beitrag zur Vereinigung der russischen Teilfürstentümer bereits im 13. Jahrhundert heiliggesprochen wurde.

Im Alexander-Newskij-Kloster befinden sich zu beiden Seiten der Einfahrt zwei Friedhöfe: der Lazarus-Friedhof links und der Tichwinskoje-Friedhof rechts, auf dem zahlreiche Vertreter der russischen Kunst und Kultur – bedeutende Literaten, Künstler, Komponisten und Schauspieler – ihre letzte Ruhestätte fanden. Am 1. Februar 1881 fand hier die Beerdigung Fjodor Dostojewskijs statt. Im Nordteil des Tichwinskoje-Friedhof wurde 1893 der geniale russische Komponist Pjotr Tschajkowskij beerdigt.

277. Alexander-Newskij-Kloster. Eingang

278. Grabmal von Fjodor Dostojewskij. 1883. Bildhauer Nikolaj Lawerezkij

279. Grabmal von Pjotr Tschajkowskij. 1897. Bildhauer Pawel Kamenskij

280. Alexander-Newskij-Kloster. Verkündigungs-Kirche. 1717–1722. Architekt Domenico Trezzini

281. Alexander-Newskij-Kloster. St.-Theodor-Kirche. 1740–1750. Architekt Domenico Trezzini

279

280

281

282

283

Dreifaltigkeits-Kathedrale

Im 18. Jahrhundert wirkten im Alexander-Newskij-Kloster mehrere berühmte Baumeister. Sie verwandelten es in ein beeindruckendes Bauensemble, in dem sich stilistisch verschiedene Bauten organisch verbinden. Die Bauarbeiten brachte schließlich der berühmte russische Architekt Iwan Starow zum Abschluss. Von ihm stammt auch das Hauptbauwerk des Klosters: die majestätische Dreifaltigkeits-Kathedrale, ein Denkmal der klassizistischen Kirchenbaukunst der zweiten Hälfte des 18. Jahrhunderts. Die Seitenein-

284

285

gänge schmücken plastische Panneaus von Fedot Schubin, der auch Skulpturen im Innern der Kirche ausführte. Der Hauptschmuck der Kathedrale ist die vergoldete bronzene »Zarenpforte« der Ikonenwand.

282. Alexander-Newskij-Kloster. Innenhof

283. Alexander-Newskij-Kloster. Dreifaltigkeits-Kathedrale. 1776–1790. Architekt Iwan Starow

284. Dreifaltigkeits-Kathedrale. Mittelschiff

285. Dreifaltigkeits-Kathedrale. Reliquienschrein mit Reliquien des Heiligen Alexander Newskij

Kirchen und Kathedralen St. Petersburgs

Die Kirchen und Kathedralen St. Petersburgs sind ein besonderes Erlebnis. Sie stellen die architektonischen Dominanten dar. So schwebt zum Beispiel über der Stadt die gewaltige, weithin – sogar von Kronstadt aus – sichtbare Kuppel der Isaak-Kathedrale. Festlich glänzen bei jedem Wetter die Kuppeln der St.-Nikolaus-Marine-Kathedrale und die goldene Nadel ihres abseits stehenden schlanken Glockenturms. Wie eine seltsame märchenhafte Blume leuchtet mit ihrer Farbenpracht und den bizarren Formen über dem Gribojedow-Kanal die Erlöser-Kirche »auf dem Blut«.

Peter der Große ersetzte 1721 das Patriarchat durch den Heiligen Synod, der aus einem von russischen Bischöfen gebildeten Kollegium bestand. Dieses wurde von einem weltlichen Oberprokurator geleitet, der den Zaren als Oberhaupt der Kirche vertrat. Die russisch-orthodoxe Kirche der »Petersburger Periode« der russischen Geschichte war praktisch eine staatliche Einrichtung. Das äußerte sich unter anderem auch darin, dass die Kirchen oft den »Kalender-Heiligen«, d.h. den Namensvettern der Zaren, oder den Heiligen, mit dessen Gedenktag ein historisches Ereignis zusammenfiel, geweiht wurden, zum Beispiel die St.-Wladimir-Kathedrale zu Ehren des Heiligen Wladimir, der Russland christianisierte oder das St.-Ioann-Kronstadtskij-Frauenkloster am Karpowka-Fluss, das an den in der zweiten Hälfte des 19. Jahrhunderts sehr bekannten Heiligen Ioann von Kronstadt erinnert, der 53 Jahre lang Vorsteher der St.-Andreas-Kathedrale in Kronstadt war. Sein Ruf als Seelenhirt, der durch Gebet Wunder vollbringen konnte, verbreitete sich in ganz Russland.

Insgesamt gab es in St. Petersburg vor 1917 über 700 Kirchen. Heute sind es nur noch 100... Viele Gotteshäuser wurden inzwischen der Kirche zurückgegeben und erleben heute ihre Wiedergeburt. Manche sind nur deshalb erhalten geblieben, weil sie als bedeutende Baudenkmäler anerkannt waren und unter Denkmalschutz standen.

286. Mittelkuppel der Dreifaltigkeitskathedrale von Ismajlowo (1828–1835, Architekt Wassilij Stassow)

287

288

289

287. St.-Sampsonij-Kathedrale. 1728–1740

288. St-Ioann-Kronstadtskij-Frauenkloster Hauptgebäude. 1900–1908. Architekt Nikolaj Nikonow

289. St.-Wladimir-Kathedrale. 1741–1747. Architekt Michail Semzow; 1766–1772 umgestaltet von Antonio Rinaldi

290

291

292

293

294

Smolnyj-Kathedrale

In dieser Gegend befand sich zu Beginn des 18. Jahrhunderts ein Teerlager, daher der Name des Klosters und der Kathedrale (russ. »smola« = Teer). Die Zarin Elisabeth soll nach vier Jahren ihrer Regierungszeit den Wunsch geäußert haben, sich in ein Kloster zurückzuziehen. Deswegen soll sie befohlen haben, hier das Christi-Auferstehungs-Neujungfern-Frauenkloster zu bauen. Mit dem Bau wurde Rastrelli beauftragt. Die Grundsteinlegung fand 1748 statt. Rastrelli legte entsprechend dem regulären Charakter der Bebauung St. Petersburgs alle Bauten des Kloster streng symmetrisch an. In der Mitte ragt die Kathedrale empor, flankiert von den schönen Gebäuden, in denen sich die Nonnenzellen befanden, mit je einer »Hauskirche«. 1764 waren die Bauarbeiten abgeschlossen. Es standen noch grandiose Ausstattungsarbeiten bevor, doch selbst in »halbrohem« Zustand löste die Kathedrale bei den Zeitgenossen Begeisterung aus. Elisabeth starb allerdings schon 1761, Rastrelli fiel bei Katharina II. in Ungnade, und so blieb das Kloster lange Zeit unvollendet.
Besonders eindrucksvoll sieht das Bauwerk von der Newa und vom gegenüber liegenden Ufer aus.

290. Preobrashenskij-Christi-Verklärungs-Kathedrale. 1743–1754. Architekten Michail Semzow und Pjotr Trezzini. 1828–1829 umgebaut von Wassilij Stassow

291. Tscheschme-Kirche (Kirche St.-Johannes der Täufer). 1777–1780. Architekt Jurij Velten

292. St.-Wladimir-Kathedrale. 1761–1769. Glockenturm. 1783. Architekt Giacomo Quarenghi

293. Blick auf die Smolnyj-Kathedrale

294. Smolnyj-Kloster aus der Vogelperspektive gesehen

295. Blick auf das Smolny-Kloster und die Bolscheochtinski-Brücke →

297

Palais Kikin. Stadtvilla Besborodko

Am linken Newa-Ufer, unweit des Smolnyj-Klosters, befindet sich eines der ältesten Bauwerke St. Petersburgs: das Kikin-Palais aus dem ersten Drittel des 18. Jahrhunderts. Es gehörte Alexander Kikin, einem Mitstreiter Peters des Großen. Als Zar Peter erfahren hatte, dass dieser sich an einer Bojaren-Verschwörung beteiligt hatte, ließ er ihn verhaften und hinrichten. In seinem konfiszierten Palais aber wurde die Raritätensammlung Peters untergebracht, die dann in die Kunstkammer wanderte.

Ein weiteres Palais am Newa-Ufer ist die Stadtvilla Besborodko. Der Fürst Alexander Besborodko, Staatsmann und Diplomat, Sekretär Katharinas II. und Kanzler unter Paul I., war auch durch sein ausschweifendes Leben und seine skandalösen Frauengeschichten bekannt. Auf der Datscha hatte er ein eigenes Theater, dessen aus Leibeigenen bestehende Truppe eher an einen Harem erinnerte.

296. Smolnyj-Kathedrale. 1748–1769.
Architekt Francesco Bartolomeo Rastrelli

297, 298. Palais Besborodko.
Architekten Wassilij Bashenow (1773–1777)
und Giacomo Quarenghi (1783–1784)

299. Kikin-Palais. 1714–1720

298

299

Bürgerlich-Demokratische Februarrevolution von 1917

In der Nähe des Smolnyj-Klosters liegt auch das für den Fürsten Grigorij Potjomkin-Tawritscheskij erbaute Taurische Palais. Die Eroberung der Taurischen Halbinsel (der Krim) trug Potjomkin, dem Favoriten Katharinas II., den Titel des Fürsten von Taurien ein, daher der Name des Palais. Nach dem Tod des Fürsten wurde das Palais Eigentum der Zarenfamilie. Paul I., der den Liebhaber seiner Mutter verabscheute, ließ das herrliche Gebäude, nachdem die Möbel und Kunstgegenstände in das Michael-Schloss überführt worden waren, in die Kaserne eines Garderegiments umwandeln. Unter Alexander I. erhielt das Palais seinen früheren Status zurück.

Im 20. Jahrhundert war das Palais mit wichtigen politischen Ereignissen verbunden. 1906 wurde es zur Residenz des ersten russischen Parlaments: Hier fanden bis 1917

300

301

302

303

304

Sitzungen der Staatsduma statt. Während der Bürgerlich-Demokratischen Februarrevolution von 1917 war sie für die aufständischen Arbeiter, Studenten, Matrosen und Soldaten die einzige Macht, der sie glaubten. Während die Abgeordneten in der Lobby an der Bildung einer provisorischen Regierung arbeiteten, lief im großen Ovalen Saal eine Kundgebung, auf der der Petrograder Sowjet gegründet wurde. Zum Vorsitzenden des Exekutivkommitees des Sowjets ernannten die Revolutionäre Alexander Kerenskij, der auch Mitglied der Provisorischen Bürgerlichen Regierung wurde.

Im März 1917 arbeiteten im Taurischen Palais gleichzeitig die Provisorische Bürgerliche Regierung und der Petrograder Sowjet. Heute finden hier Sitzungen der Parlamentskommission der Assemblee der GUS (Gemeinschaft unabhängiger Staaten = Nachfolgestaaten der ehemaligen UdSSR – mit Ausnahme der baltischen Staaten) statt.

300. Sitzung der Staatsduma im Taurischen Palais. Foto

301. Taurisches Palais. 1783–1789. Architekt Iwan Starow

302. Alexander Kerenskij. Foto

303. Taurisches Palais. Säulensaal

304. Demonstration auf dem Newskij-Prospekt. Foto

305

306

307

Oktoberrevolution von 1917

Im August 1917 zog der Petrograder Sowjet in das Gebäude des ehemaligen Smolnyj-Instituts für adelige Töchter um. Im September gewannen die Bolschewiken die Oberhand im Sowjet und wählten Lew Trozkij zum Vorsitzenden. Wenn die Provisorische Bürgerliche Regierung und der Sowjet bisher um eine gemeinsame Sache bemüht gewesen waren – die Errichtung eines demokratischen Staates, – so nahmen nun die Bolschewiken den »Kurs auf den bewaffneten Aufstand«. Zum Ziel dieses Aufstandes wurde die »Diktatur des Proletariats« erklärt, die Hauptlosung war nun »Die ganze Macht an die Sowjets!« Das höchste Machtorgan sollte der 2. Allrussische Sowjetkongress werden, der Aufstand begann aber noch vor der Eröffnung des Kongresses. Arbeiter, Soldaten und Matrosen, angeführt vom Militärkommitee der Revolution, stürmten auf ein Signal des Panzerkreuzers »Aurora« hin – einen Blindschuss aus einer Kanone am Vorderdeck – den Winterpalast und verhafteten die Provisorische Bürgerliche Regierung. Wladimir Lenin verkündete am 26. Oktober in

308

der Aula des Smolnyj-Instituts die Machtübernahme des Allrussischen Sowjetkongresses. Der Kongress bildete die erste sowjetische Regierung: den Sowjet der Volkskommissare. Das Gebäude wurde somit für lange Zeit zu einem Sinnbild der Oktoberrevolution. Das Arbeitszimmer Lenins, des Vorsitzenden des Sowjets der Volkskommissare, im Smolnyj ist heute ein Gedenkmuseum. Das Lenin-Denkmal vor dem Gebäude stammt aus dem Jahr 1927. 1924, nach dem Tod Lenins, baute Wladimir Stschuko die beiden neoklassizistischen Propyläen.

309

305. Smolnyj-Institut. 1806–1808.
Architekt Giacomo Quarenghi

Lenin-Denkmal. 1927. Bildhauer Wassilij Koslow,
Architekt Wladimir Stschuko

306. Wladimir Serow. 1910–1968
Lenin proklamiert die Sowjetmacht. 1936

307. Panzerkreuzer »Aurora«

308. Propyläen des Smolnyj-Instituts. 1923–1924.
Architekt Wladimir Stschuko und Wladimir Gelfreich

309. Kabinett Wladimir Lenins im Smolnyj-Institut

310

311

312

Belagerung Leningrads

Während des Zweiten Weltkrieges erlebte die Stadt die tragischste Episode ihrer Geschichte: die 900-tägige Belagerung durch die deutsche Hitler-Wehrmacht vom 8. September 1941 bis zum 27. Januar 1944. Gemäß der »Operation Barbarossa« kam die Heeresgruppe Nord rasch voran durch die Baltischen Republiken und näherte sich ihrem Hauptziel: Leningrad. Am 4. September war die Stadt im Süden von deutschen Truppen umgeben, während die finnischen Verbündeten im Norden Stellung nahmen. Die Stadt war permanenten Angriffen der Deutschen ausgesetzt. Dennoch zeigte die Leningrader Bevölkerung enormen Überlebenswillen und hielt der Belagerung stand. Eine große Rolle spielte dabei das Volksaufgebot, schlecht bewaffnete und kaum ausgebildete Freiwillige, die ihre Heimatstadt heldenmütig verteidigten. Die Zivilbevölkerung hatte es noch schwerer: Hunger, Kälte, kein Strom, keine Wasserleitung… Nach sieben Monaten konnte eine Straßenverbindung über den gefrorenen Ladogasee hergestellt werden (»Straße des Lebens«). Sie diente der Versorgung. Die Belagerung wurde schließlich im Januar 1944 durch heranrückende Sowjettruppen beendet. Bis dahin waren über 1 Million Bürger und Soldaten infolge der Blockade umgekommen. Allein auf dem Piskarjowskoje-Gedenkfriedhof sind etwa 450.000 Leningrader begraben. Zum 30. Jahrestag des Sieges im Großen Vaterländischen Krieg von 1941–1945 wurde auf dem Moskauer Prospekt bei der Stadteinfahrt (heute Platz des Sieges) ein Denkmal für die heldenhaften Verteidiger der Stadt enthüllt.

310. Piskarjowskoje-Gedenkfriedhof. Statue *Mutter Heimat*. 1956–1960. Bildhauerin Wera Isajewa. Architekten Alexander Wassiljew und Jewgenij Lewinson

311. Am Hydranten auf dem Newskij-Prospekt. Foto

312. Arbeiterpatrouille auf den Straße des belagerten Leningrad. Foto

313, 314. Denkmal für die Verteidiger Leningrads auf dem Platz des Sieges. 1974–1975. Architekt Sergej Speranskij. Bildhauer Michail Anikuschin

313

314

Stena
СКФ Совкомфлот

316

Nach der grauenvollen Belagerung erholte sich Leningrad relativ schnell. Bereits zehn Jahre später erhielt sie ihr ursprüngliches Aussehen zurück: Denkmäler der Architektur und Kunst wurden restauriert, Häuser, Granitkais und Brücken wiederaufgebaut. »Aus Ruinen auferstanden«, öffneten die berühmten Zarenresidenzen in der Stadtumgebung – Peterhof, Zarskoje Selo, Pawlowsk u.a. – ihre Pforte für die Besucher wieder. Die Stadt wurde noch schöner, größer und majestätischer.

Im Unterschied zu anderen europäischen Metropolen kann man St. Petersburg erst seit 300 Jahren auf den politischen Karten der Welt sehen, doch seine Schönheit ist weltberühmt, es steht an Ruhm selbst solchen Weltkulturzentren wie London oder Paris nicht nach. Ausländische Touristen entdecken hier oft Merkmale ihrer Heimatstädte. Die vielen Kais erinnern an Paris, die Kanäle an Amsterdam, die unzähligen Brücken an Venedig und der Nebel an London. Doch trotz seiner Ähnlichkeit mit anderen Städten ist Petersburg einzigartig. Wer es einmal besucht hat, wird nie die edle Feierlichkeit seiner Bauensembles, die glitzernden Wasserstrahlen der Peterhofer Fontänen vor dem leuchtenden Grün der schattigen Alleen, den Zauber der Weißen Nächte, die herbstliche Farbenpracht der Parks und den wunderschönen Petersburger Winter vergessen können.

In das 21. Jahrhundert schritt Petersburg in all seiner königlichen Schönheit, als ein einzigartiges Freilichtmuseum für Städtebau und Architektur. Doch für die Stadtbewohner war und bleibt es vor allem ihr Haus, das sie weiter ausbauen und verschönern. Durch ihre unermüdliche Arbeit wird Petersburg immer größer und moderner. Im Seehafen werden Schiffe aus aller Herren Ländern »begrüßt als gern willkommne Gäste«. Dort, wo die Newa in den Finnischen Meerbusen mündet, entstand die »Seefassade der Stadt«, ein moderner Wohnbaukomplex.

Aber wie sich Petersburg auch verändert, was für historische Ereignisse es auch erlebt, die Newa, Augenzeuge von Niederlagen und Triumphen, bleibt unverändert. Sie trennt und verbindet hier alles. Vom Osten her treiben an den Kolonnaden der Petersburger Paläste Eisschollen aus dem Ladogasee, die den kalten Nordostwind mitbringen. Die Newa ist seit der Petrinischen Epoche durch ein Kanalsystem mit der Wolga verbunden. Mit den Ostwinden und Eisschollen aus dem Ladogasee kommt gleichsam alles nach St. Petersburg, was das riesige, bis zum Stillen Ozean reichende Russland, erlebt. Tagsüber ist die Newa »menschenleer«. Es gibt keine »Fluss-Straßenbahnen« mehr, die früher verschiedene Stadtteile verbanden, auch der Gütertransport innerhalb der Stadt ist längst stillgelegt: Keine verrußten Barkassen machen an den Kais fest oder schleppen auf der Newa und deren Armen, auf der Fontanka und Mojka schwere Lastkähne; stattdessen fahren heute gemächlich ganz flache Ausflugsschiffe oder flitzen kleine Motorboote des Touristenverkehrs hin und her.

Nachts führt sie ein geisterhaftes Leben: Sie wird um diese Zeit wieder ein Teil des »Wegs von den Warägern zu den Griechen«, einer alten Wasserstraße, die vier Meere mit Innenregionen Russlands verbindet. Nachts, wenn die Brücken hochgezogen werden, laufen große Schiffe in die Stadt ein. Um fünf Uhr ist dann der ganze Zauber vorbei, und die Brücken verwandeln sich wieder in Straßen.

Das Wasser hat für die Stadt eine magische Bedeutung. Große und kleine Flüsse, Bäche und Kanäle, die sie in allen Himmelsrichtungen durchschneiden, beleben die strenge Stadtlandschaft, bringen Spontanität in sie ein und vermitteln diesem oder jenem Winkel eine gewisse Stimmung. Die Regen und Nebel verstärken die Illusion der Vorherrschaft des Wassers über das Festland. An feuchten Tagen wirkt St. Petersburg besonders harmonisch, man glaubt dann, seine wahre Seele zu erkennen – still, geheimnisvoll und traurig. Apropos: Der Überfluss an Wasser wurde zum Vorwand, die Stadt mit zusätzlichem Zierat – den ca. 300 Brücken – zu versehen. Die Newa-Stahlzugbrücken bilden eine gigantische Arkade. Erstaunlich vielfältig in Form, Größe und Ausführung sind Brücken über die kleinen Flüsse und Kanäle. Dadurch erhielt St. Petersburg eine weitere Bezeichnung: Museum der Brücken.

Die Eigenart St. Petersburgs ist auch durch seine Grenzlage bestimmt: Es liegt am Rand der russischen Lande und bildet tatsächlich ein »Fenster nach Europa«. Vom Westen her kommen nicht nur die kalten Fluten der Herbstüberschwemmungen und die Ausläufer aller historischer Katastrophen, die den Westen erschüttern. Die baltischen Winde wehen auch europäische Ideen, Freuden und Probleme des »alten Kontinents« herüber.

←
315. Internationale Regatta

316. Das Fest »Blutrote Segel«

VORORTE

ST. PETERSBURG

318

Peterhof

Spricht man von St. Petersburg, kann man nicht umhin, wenigstens kurz auch auf die ehemaligen Zarenresidenzen in der Umgebung der Stadt einzugehen.
Viele Park- und Schloss-Ensembles entstanden gleichzeitig mit Petersburg und sollten nach Peters Plan einen kostbaren Rahmen für die Stadt bilden. Jede der Zarenresidenzen ist einzigartig, hat ihren besonderen Zauber, keine wiederholt die andere. Jede spiegelt auf ihre Weise ästhetischen Geschmack verschiedener historischer und Stilepochen wider. Jede lässt den Charakter und die Gewohnheiten der einstigen Besitzer erkennen und assoziiert sich im Grunde vor allem mit einem bestimmten Herrscher. Zuerst sei natürlich Peterhof erwähnt, die Lieblingsresidenz Peters des Großen, dessen Namen es auch trägt. Peterhof stellt

317. Große Kaskade. Fontäne *Samson reißt dem Löwen den Rachen auf.* 1801. Bildhauer Michail Koslowskij. Architekt Andrej Woronichin

318. Großer Palast und Große Kaskade

319

ein grandioses Park- und Schloss-Ensemble aus dem 18. bis 19. Jahrhundert dar, das über 1.000 Hektar Fläche einnimmt, ca. 30 Bauwerke einschließt und mit über 100 Skulpturen geschmückt ist.
Zar Peter besuchte oft die Festung auf der Insel Kronstadt im Finnischen Meerbusen; diese Reisen zu Wasser waren alles andere als leicht und ungefährlich, und seine Frau, die künftige Katharina I., soll ihn überredet haben, hier ein Rasthaus am Ufer bauen zu lassen. Die Idee, eine Galaresidenz an der Küste des Finnischen Meerbusens zu schaffen, kam dem Zaren später, unter dem Einfluss des Eindrucks, den Versailles auf ihn hinterlassen hatte.
1714 wurde mit den Bauarbeiten begonnen. Hunderttausende von Kriegsgefangenen und Leibeigenen beteiligten sich am Bau des See-Kanals. Zahlreiche ausländische und russische Künstler und Gartenmeister befassten sich mit Ausschmückung der Parks. Schon 1723 fand die feierliche Eröffnungszeremonie statt. Die faszinierten Gäste konnten den Großen Palast, die kleinen Schlösser Marly und Monplaisir, zwei Kaskaden und 16 Fontänen sowie den eigentlichen Park bewundern. Eine Flotilie kleiner Schiffe fuhr direkt vom Meer zum Großen Palast. Doch zu einer repräsentativen Residenz wurde Peterhof erst unter Elisabeth.
Peter hatte eigenhändig den Plan der Parks ausgearbeitet und den Standort für jedes Bauwerk und jeden Springbrunnen bestimmt, da er sich Peterhof nicht nur als Erholungsort und Galaresidenz, sondern zugleich als eine Art Denkmal des verwandelten Russland und einen Hort der aufgeblühten Künste vorstellte.
Den Fontänen von Peterhof kommt zweifellos die wichtigste Rolle in der Gesamtkomposition des Park- und Schloss-Ensembles zu. Das originelle Wasserversorgungssystem stammt vom ersten russischen Hydrauliker, dem Ingenieur Wassilij Tuwolkow.

319. Große Kaskade. Westteil

320. Großer See-Kanal und Fontänen-Allee

322

321

Große Kaskade

Vor der dem Finnischen Meerbusen zugewandten Nordfassade des Großen Palastes liegt der Untere Park mit zahlreichen Fontänen und Marmorstatuen, zwei kleineren Kaskaden und einigen Pavillons. Seinen Ruhm verdankt Peterhof zweifellos vor allem den Fontänen, die gleichzeitig einzigartige hydrotechnische Vorrichtungen und Denkmäler der monumental-dekorativen Kunst darstellen. Die in allen Regenbogenfarben glitzernden unzähligen Wasserstrahlen erzeugen das Gefühl eines fröhlichen Festes. Wegen der Vielfalt von Formen, Funktionsprinzipien und Zweckbestimmungen der Springbrunnen kann man Peterhof als ein Freilichtmuseum für Fontänenkunst bezeichnen.
Das kompositionelle Zentrum des Park- und Schloss-Ensembles bildet der Große Palast. Das auf einem hohen Hügel gelegene 250 Meter lange Gebäude, das den Oberen mit dem Unteren Park verbindet, wurde 1714–1725 von mehreren Baumeistern errichtet und um die Jahrhundertmitte von Rastrelli völlig umgebaut.
Dem Großen Palast zum Meer hin vorgelagert ist die Große Kaskade. Ein besonders schöner Blick auf die Große Kaskade bietet sich von unten, vom See-Kanal: Da erscheint sie wirklich wie eine »Sinfonie des Wassers«.
Neben Fontänen spielen auch Skulpturen eine wichtige inhaltliche und dekorative Rolle. Die 38 Statuen und 213 Basreliefs, Büsten und Maskarone (maskenförmige Ornamente) versinnbildlichen die Siege Russlands, preisen die russische Flotte, behandeln verschiedene Etappen der vaterländischen Geschichte (zwei große Skulpturen im Samson-Becken – ein Greis (der Fluss Wolchow, an dem das alte Nowgorod liegt) und eine junge Frau (die Newa, an der die neue Metropole gegründet wurde) – stellen symbolisch das alte und das

321. Große Kaskade

322. Blick auf den Großen Palast und die Große Kaskade vom See-Kanal

neue Russland dar. Sujets und Themen des plastischen Dekors sind hauptsächlich der antiken Mythologie entnommen, die unter Peter dem Großen zum thematischen Arsenal der russischen Kunst wurde: Der Zar begründete selbst die neue Mode, indem er die *Venus von Taurien* (*Taurische Venus*), das erste Denkmal der antiken Kunst in Russland, kaufte.
An der Wende vom 18. zum 19. Jahrhundert wurden die alten Bleiskulpturen durch neue bronzene ersetzt. Aus dieser Zeit stammen beispielsweise siebzehn Kopien antiker Originale: *Amazone*, *Ganymed*, *Amor und Psyche*, *Aphrodite Kallipygos* (griech. »mit dem schönen Gesäß«), die eine in graziöser Drehung ihr Gesäß entblößende weibliche Gestalt darstellt, u.a. Bemerkenswert sind auch fünfzehn nach Modellen russischer Bildhauer, Absolventen der Akademie der Künste, angefertigte originale Bronzestatuen, zum Beispiel Fedot Schubins Perseus. In der Petrinischen Epoche wurde dieser mythologische Held, der ein Meeresungeheuer getötet und die Königstochter Andromeda gerettet haben soll, oft als eine Allegorie des russischen Zaren interpretiert, der die schwedische Armee geschlagen hatte; die Andromeda diente dementsprechend als ein Symbol der befreiten russischen Lande an der Newa und am Finnischen Meerbusen.
In der Mitte des Beckens vor der Großen Kaskade erhebt sich die größte Fontäne Peterhofs (der Wasserstrahl steigt auf die Höhe von 20 Metern) – *Samson reißt dem Löwen den Rachen auf*. Sie symbolisiert den Sieg Russlands über die Schweden in der Poltawa-Schlacht (27. Juni 1709). Diese Schlacht fand am Gedenktag des russischen Heiligen Sampsonij Strannopriimez (der gastfreundliche) statt, und da der Löwe ein Bestandteil des schwedischen Staatswappens war, ist der allegorische Sinn der Skulptur eindeutig. So verwandelte sich der fromme und friedfertige russische Sampsonij in den mächtigen biblischen Helden. Die Statue schuf Carlo Bartolomeo Rastrelli, 1801 wurde sie aber durch ein Werk Michail Koslowskijs ersetzt.

323. Große Kaskade. Dekorative Skulptur *Amazone*. 1801. Bildhauer Fjodor Gordejew. Kopie eines antiken Originals aus dem 5.–4. Jh. v. Chr.

324. Große Kaskade. Dekorative Skulptur *Ganymed*. 1800. Bronzeplastiker Edme Gasteloux. Kopie eines Werkes von Leochares

324

325

326

327

Großer Palast

Die Paradesäle und Gastzimmer des Großen Palastes befinden sich im ersten Stockwerk. Der größte Raum ist der *Thron-Saal* (300 Quadratmeter). Zwei Fensterreihen, die sich in den Spiegeln widerspiegeln – ein typisches Merkmal der barocken Palast-Interieurs –, lassen den Raum größer erscheinen. Der Thron-Saal wie auch einige andere Räume im Palast wurden unter Katharina II. im Stil des Klassizismus umgestaltet. Aus dieser Zeit stammen auch die zwölf Porträts im oberen Teil der Wände und über

325. Paradetreppe. 1750er Jahre.
Architekt Francesco Bartolomeo Rastrelli

326. Thron-Saal. 1763–1780

327. Tanzsaal

328

329

330

den Türen: Peter der Große, Katharina I., Anna Ioannowna, Elisabeth u.a. Das große Gemälde an der Stirnwand, hinter dem Thron, ein Werk des dänischen Künstlers Vigilius Erichsen, zeigt Katharina II. zu Pferde in der Uniform eines Hauptmanns des Preobrashenskij-Garderegiments. Es handelt sich dabei allerdings nicht um eine Allegorie, sondern um eine wahre Begebenheit: Katharina II. bestieg infolge einer Palastrevolution den russischen Thron, nachdem sie ihren Mann, Peter III., entmachtet hatte. Das Bild stellt den Höhepunkt der Revolution dar: Die Zarin marschiert an der Spitze der Garderegimenter nach Peterhof. Die vier Gemälde Richard Patons an der gegenüber liegenden Wand zeigen Szenen der Seeschlacht bei Tscheschme. An den Wänden erscheinen Basreliefs: allegorische Darstellungen der Wahrheit und Tugend, der Gerechtigkeit und Sicherheit (Bildhauer Iwan Prokofjew) sowie historische Ereignisse: »Rückkehr des Fürsten Swjatoslaw« und »Taufe der Fürstin Olga« (Bildhauer Michail Koslowskij).

Die *Chinesischen Kabinette* erinnern an festlich schöne exotische Schatullen. Ihre Bezeichnung hängt mit der Ausstattung zusammen, die dem damaligen Interesse für chinesische Kunst entspricht. Jean

331

Baptiste Vallin de La Mothe, der die beiden Interieure schuf, verwendete bei der Gestaltung der Kabinette originale chinesische Schirme, die er durch Lackminiaturen russischer Arbeit ergänzte. Die Wände sind mit gold- und himbeerfarbener Seide bespannt. Vor diesem Hintergrund wirken die dekorativen Panneaus mit Alltagsszenen, Landschaften, Tier- und Vogeldarstellungen, Blumen und Früchten besonders effektvoll.

Eines der ältesten Palast-Interieurs ist der *Porträtsaal* (*Gemäldesaal*). Er befindet sich direkt in der Mitte des Gebäudes. Seine Fenster gehen nach Süden, zum Oberen Park, und nach Norden, zur Großen Kaskade und dem Finnischen Meerbusen. 1764 gestaltete Jean-Baptiste Vallin de La Mothe den Saal um: Die Wände bedeckten nun 368 Bilder des italienischen Malers Pietro Rotari. Solche teppichartige Hängung der Gemälde war für barocke Interieurs des 18. Jahrhunderts charakteristisch. Die Porträts zeigen junge Männer, Frauen und Mädchen in verschiedensten Kostümen. Die gleiche Brustbild-Komposition erlaubt es, die Ganzheit des Eindrucks dieser zahlreichen, von einander durch schmale vergoldete Leisten getrennten Porträt-Darstellungen zu bewahren.

328. Westliches Chinesisches Kabinett

329. Audienz-Saal. 1750er Jahre.
Architekt Francesco Bartolomeo Rastrelli

330. Gurjew-Bankett-Service.
Erstes Viertel des 19. Jh.
Kaiserliche Porzellanmanufaktur, St. Petersburg

331. Porträt-Saal. Architekten Jean-Baptiste Leblond und Nicolas Michetti (1716–1724) und Jean-Baptiste de La Mothe (1764)

333

Fontänen des Unteren Parks

Die Große Kaskade teilt den Unteren Park in zwei Teile ein, in denen ihr zwei kleinere symmetrisch angelegten Kaskaden entsprechen: Die *Schachbrett-Kaskade* (*Drachen-Kaskade*) im Osten und die *Goldberg-Kaskade* im Westen. Die Schachbrett-Kaskade ist ein Komplex mit Statuen und Springbrunnen, die sich über drei Terrassen verteilen. Diese wiederum sind wie ein Schachbrett mit schwarzen und weißen Marmorvierecken ausgelegt. Zwei Drachen bewachen den Eingang in die obere Grotte. Die zehn Marmorstatuen, Arbeiten italienischer Bildhauer des 18. Jahrhunderts, stellen antike Gottheiten dar.
Vor dieser Anlage sieht man zwei mächtige *Römische Fontänen*, die in der Tat ursprünglich den Springbrunnen vor der St.-Peterskirche in Rom nachgebildet waren. 1798–1800 wurden sie im Geiste des Klassizismus umgestaltet und mit verschiedenen Marmorarten und vergoldeten Maskaronen, Girlanden und Kränzen dekoriert.

332. Fontäne *Pyramide*. 1721–1724

333. Scherzfontäne *Pilz*. 1735.
Bildhauer Bartolomeo Carlo Rastrelli

334. *Sonnen-Fontäne*.
Architekten Nicolas Michetti (1721–1724), Juurij Velten und J. Jakowlew (1772–1776)

335. Fontäne *Eva*. 1718. Bildhauer Giovanni Bonazza. 1725–1726. Architekt Nicolas Michetti

336. *Römische Fontäne*. 1738–1739, 1799–1800

332

334

335

336

337

338

Die *Pyramide*, ein Meisterwerk der Fontänenkunst, ist in Form eines Obelisken aus Wasser gestaltet. Durch unterschiedlichen Wasserdruck steigen die aus 505 Rohren schießenden Wasserstrahlen verschieden hoch und bilden eine schlanke schneeweiße Pyramide.

Neben solchen monumentalen Springbrunnen gibt es auch kleinere, »lyrischere« Fontänen wie die *Sonnen-Fontäne*, ein mit sechzehn Wasser speienden Delphinen verziertes rechteckiges Bassin, in dessen Mitte eine an einer Säule befestigte ebenfalls vergoldete Bronzescheibe rotiert, von der »Sonnenstrahlen« ausgehen, vorgetäuscht durch das glitzernde Wasser.

Fast jede Fontäne versinnbildlicht eine mythologische oder literarische Gestalt. Adam und Eva sollen die Besucher daran erinnern, dass diese sich in einem wahren »Paradies« befinden; *Favoritin* ist eine Illustration zu La Fontaines Fabel über einen kleinen Hund, der die Enten jagte.

337. Ufer-Terrasse am Schloss *Monplaisir*

338. Fontäne *Triton reißt einem Meeresungeheuer den Rachen auf.* Erstes Drittel des 18. Jh. Bildhauer Antonio Tarsia

339. Monplaisir-Garten. Fontäne *Psyche*. 1817. Kopie eines Originals von Antonio Canova

340

341

Schloss Monplaisir

Peter der Große hielt sich am liebsten im kleinen, 1714–1723 nach eigenhändigen Entwürfen und Skizzen des Zaren von den Architekten Johann Braunstein, Nicolas Michetti und Jean-Baptiste Leblond direkt am Ufer gebauten Schloss Monplaisir auf. An das schlichte Hauptgebäude schließen sich zwei leichte helle Galerien an, die in Pavillons enden. Der eindrucksvollste aller Innenräume ist der *Empfangssaal*. Dieser Saal hat manch wüstes Gelage erlebt. »Unter Peter herrschte in Peterhof ein reges Leben«, schrieb Michail Pyljajew. »Nach Berichten von ausländischen Gästen stand der russische Hof an Glanz und Fröhlichkeit den europäischen nicht nach. Es wurde hier oft mehrere Tage lang gezecht. Bei Tafel gab es kaum steife, nüchterne Gespräche. Auch ging es dabei nicht gerade sehr keusch zu:

342

343

Bei der Taufe des Pjotr Petrowitschs hielt zum Beispiel eine nackte Zwergin auf dem Männertisch stehend eine Rede und brachte einen Trinkspruch aus; auf dem Frauentisch machte dasselbe ein nackter Zwerg. Betrunken waren alle, ob Mann oder Frau«.

340. Schloss *Monplaisir*. Empfangssaal

341. Schloss *Monplaisir*. Seitengalerie

342. Schloss *Monplaisir*. 1714–1723.
Architekten Johann Braunstein,
Nicolas Michetti und Jean-Baptiste Leblond;
Bildhauer Bartolomeo Carlo Rastrelli.
Nach einer Skizze Peters des Großen

Monplaisir-Garten. 1714–1739.
Gartenmeister L. Garnichfeldt.
Nach einer Skizze Peters des Großen

Fontäne *Garbe*. 1721–1723.
Architekt Nicolas Michetti.
Nach einer Skizze Peters des Großen

343. Paradeauffahrt im Unteren Park

344

345

Schloss Marly
Pavillon Ermitage

Im Westteil des Unteren Parks befindet sich das wunderschöne Marly-Ensemble. Sein Name ist auf die Residenz des französischen Königs Ludwig XIV., Marly le Roi, 25 Kilometer von Paris entfernt, zurückzuführen, die Peter der Große einmal besucht hat. Die Anlage umfasst drei Gärten, die Kaskade *Goldberg* und mehrere Fontänen. Zwischen zwei Teichen steht das kleine Schloss Marly. Den unaussprechlichen Zauber des Marly-Ensembles spürt man am besten bei stillem Wetter, wenn das Wasser in den Teichen unbeweglich und die Luft völlig klar und durchsichtig ist. Dann ist es, als würde sich dieses leicht über dem Wasser schwebende Schlösschen im nächsten Augenblick in Luft auflösen und verschwinden, wie es schon einmal geschehen ist: Es wurde von Johann Braunstein in den Jahren 1720–1724 im Stil Ludwig XIV. errichtet. 1899 hat man es gründlich abge-

messen und auseinandergenommen, um ein stabiles Betonfundament darunter zu legen, und danach wieder aufgebaut.
Ursprünglich diente das Schloss als eine Art Hotel für hohe Gäste. Später verwandelte es sich allmählich in ein Museum für das Gedenken an seinen ersten Besitzer: Hier kann man heute viele Gegenstände aus dem persönlichen Besitz Peters des Großen sehen.
Im Westteil des Unteren Parks, am Ufer des Finnischen Meerbusens, findet man eine weitere Sehenswürdigkeit: die *Ermitage*, einen 1721–1725 von Johann Braunstein in

344. Goldberg-Kaskade. 1722–1725.
Architekten Nicolas Michetti, Johann Braunstein, Michail Semzow und Timofej Ussow, Bildhauer Bartolomeo Carlo Rastrelli, Fontänenmeister Paul Sualem

Fontäne *Triton*. 1732. Architekt Michail Semzow

345. Unterer Park in der Nähe des Schlosses *Marly*

346. Schloss *Marly* und *Venus-Garten* von der Goldberg-Kaskade gesehen

347. Goldberg-Kaskade. Südterrasse

346

347

348

349

350

351

352

Form eines Schlösschens erbauten Pavillon. Er war für kleine Gesellschaften und intime Empfänge bestimmt (das französische Wort »Ermitage« bedeutet Einsiedelei) und liegt deshalb isoliert, von einem tiefen Graben umgeben – früher war er durch eine Zugbrücke mit dem Park verbunden – und mit einer höchst originellen Maschinerie ausgestattet, durch die das Personal auf ein Minimum an Vertrauensleuten reduziert werden konnte. Mit Hilfe von Lastenaufzügen konnte zum Beispiel der Tisch im Großen Saal (80 Quadratmeter) des Obergeschosses ins Parterre, wo sich die Küche befand, hinabgelassen und vollständig gedeckt wieder heraufgezogen werden.

348. Pavillon *Ermitage*. 1721–1757.
Architekt Johann Braunstein

349. Allee des Unteren Parks

350. Pavillon *Ermitage*. Großer Saal

351. Schachbrett-Kaskade (Drachen-Kaskade).
1737–1739. Architekten Michail Semzow,
Johann Blank und I. Davydow. Bildhauer Conrad Osner

352. Schachbrett-Kaskade. Detail

353

354

Großer Palast
Oberer Garten

Francesco Bartolomeo Rastrelli verwandelte den recht bescheidenen Palast aus der Peterschen Zeit in einen Prachtbau, der zur kompositionellen und künstlerischen Dominante der ganzen Anlage wurde. Er gestaltete auch die Innenräume wesentlich um.

Das auf einem hohen Hügel gelegene 250 Meter lange Gebäude, das den Oberen Park mit dem Unteren verbindet, wurde 1714–1725 von mehreren Baumeistern errichtet. Um die Jahrhundertmitte lieferte Rastrelli ein entzückendes Projekt und gab dem Palast sein heutiges Aussehen. Seine festliche Schönheit und Pracht spiegelte nun den Reichtum und die Stärke des Russischen Reiches wider. Leichte Galerien verbinden den Mittelteil mit den einstöckigen Seitenflügeln: dem Wappen-Pavillon im Westen, wegen des Doppeladlers als Wetterfahne auf der Kuppel so genannt (der allerdings einen dritten Kopf hat, damit man bei beliebiger Drehung der Wetterfahne zwei Köpfe sieht), und der Palastkirche mit ihren herrlichen vergoldeten Zwiebeltürmen im Osten.

355

Vor der Südfassade des Großen Palastes liegt der Obere Park, dessen Fläche 15 Hektar beträgt. Mit seinen Bosketten, Gartenlauben und »Berceaus« (in den französischen regulären Parks Alleen in Form von Korridoren aus Grün) stellt er ein klassisches Beispiel der Gartenkunst des 18. Jahrhunderts dar. Doch die Hauptrolle kommt auch hier den Fontänen zu, von denen Neptun die schönste ist.
Die aus über dreißig Figuren bestehende Skulpturengruppe, ein hervorragendes Werk der Nürnberger Bildhauer aus den Jahren 1650–1660, erwarb Paul I. für seinen Park in Gatschina, doch letztendlich wurde sie im Oberen Garten von Peterhof aufgestellt.

353. Oberer Park aus der Vogelperspektive gesehen

354. Großer Palast. Wappen-Pavillon.
Detail der Kuppel

355. Wappen-Pavillon von der Fontäne *Neptun* gesehen

356. Oberer Park. Fontäne *Neptun*. 1721–1724, 1799

356

357

358

359

Schloss *Cottage*

An den Unteren Park von Peterhof grenzt »Alexandria«, ein Landsitz Nikolaus' I. am Ufer des Finnischen Meerbusens. Diese Ländereien schenkte Nikolaus I. seiner Frau, Alexandra Fjodorowna, und es wurde sofort mit dem Bau der »Alexandria, der Datscha Ihrer Majestät« begonnen. Innerhalb einer kurzen Zeit entstand hier ein großer Landschaftspark mit vielen malerischen Wegen und Alleen und seltenen Bäumen und Pflanzen. Zum Hauptarchitekten der »Alexandria« ernannte Nikolaus I. Adam Menelaws, nach dessen Entwürfen 1826–1829 das Schloss *Cottage* errichtet wurde. In der Gestaltung der Fassaden und Innenräume sowie in den Möbeln kam die der europäischen Kultur dieser Epoche eigene romantische Begeisterung für Gotik im Geiste von Walter Scott deutlich zum Ausdruck. Der Zar hatte noch als Großfürst England besucht und war begeistert von der Gemütlichkeit und schlichten Eleganz der englischen Wohnhäuser.

Das sehr romantisch gelegene und gemütliche Schloss ist sehr sehenswert. Jedes Zimmer ist mit Bildern dekoriert. Alle Wandmalereien stammen von Giovanni

Battista Scotti, einem bekannten Meister der monumentalen dekorativen Malerei. Eine wichtige Rolle kommt auch dem plastischen Schmuck zu, der die Interieure festlich schön und elegant erscheinen lässt. Die Bildergalerie des *Cottage* enthält Arbeiten bedeutender Künstler, darunter dreizehn Bilder des berühmtesten russischen Seelandschaftsmalers Iwan Ajwasowskij. Alexandra Fjodorowna sammelte auch Bücher. Ihre Bibliothek zählte ca. 1.000 Bände, bei denen es sich hauptsächlich um Werke von Schriftstellern und Dichtern der Romantik handelt. Alexandra Fjodorowna war die Seele des Hauses. Sie verwandelte das kleine Schlösschen in einen stillen Hafen des Familienglücks, in dem sich die ganze Familie wohl fühlte und der Zar sich nur als liebender Vater und Ehemann und nicht als Herrscher eines Reiches empfand. Er nannte sich gern den »Lord von Cottage«.

Dieses kleine Museum veranschaulicht den Alltag der Zarenfamilie und enthält zahlreiche wertvolle Kunstwerke sowie Gegenstände des privaten Gebrauchs Nikolaus' I. und seiner Familie.

Peter-Paul-Kathedrale

Die Grundsteinlegung der Peter-Paul-Kathedrale in Peterhof fand am 25. Juli 1895 statt. Den Bauentwurf lieferte der Architekt Nikolaj Sultanow, der in seinem Schaffen an die Traditionen der altrussischen Baukunst anknüpfte. Als Vorlagen für die Gestaltung der Fassaden dienten ihm einige russische Kirchen aus dem 16. und 17. Jahrhundert. Die Kathedrale stellt eine komplizierte und originelle Komposition mit fünf Kuppeln, die sich aneinander schmiegen. Das Gebäude umläuft unten eine geschlossene Galerie für die Kreuzprozessionen. Im Westen schließen daran ein zweistöckiger Glockenturm und eine Kapelle an.

357. Park *Alexandria*. Schloss *Cottage*. 1826–1842. Architekten Adam Menelaws und Andrej Stakenschneider

358. Jegor Botmann. ? –1891. *Porträt Nikolaus I.* 1849

359. Schloss *Cottage*. Gastzimmer der Zarin Alexandra Fjodorowna

360. Peterhof. Peter-Paul-Kathedrale. 1895–1904. Architekt Nikolaj Sultanow und Wassilij Kossajkow

361. Panorama des Schloss- und Parkensembles von Peterhof →

360

363

364

Zarskoje Selo

Zarskoje Selo als Zarenresidenz ist vor allem mit Elisabeth und Katharina II. verbunden. Die Erschließung dieser Ländereien und die Bauarbeiten wurden bereits unter Katharina I., der Witwe Peters des Großen, begonnen, doch erst unter Elisabeth, seiner Tochter, wurde Zarskoje Selo durch Rastrellis Tätigkeit zu einer repräsentativen Residenz. 1728 trat Elisabeth gemäß einem Ukas ihres Vaters den Besitz von Zarskoje Selo an. Vor ihrer Thronbesteigung kam sie oft hierher zur Jagd, beschäftigte sich gern mit Obstgärten. Von hier aus begab sie sich am 22. Februar 1742 nach Moskau, um zur Zarin gekrönt zu werden. 1744 gab Elisabeth Rastrelli den Auftrag, einen Palast zu bauen, der »würdig wäre, als Wohnstätte der Herrscherin eines großen Reiches zu dienen«. Als der Palast dann fertiggebaut worden war und die Zarin mit dem ganzen Hof und ihren ausländischen Gästen kam, um ihre neue »Wohnstätte« zu besichtigen, waren alle zuerst sprachlos beim Anblick dieser atemberaubenden Pracht und Schönheit. Einer der Diplomaten meinte dann, es fehle nur noch ein Etui für dieses Juwel.
In der Mitte des 18. Jahrhunderts befand sich der Paradeeingang an der Südfassade. Der weite Ehrenhof, den der Halbkreis des Gebäudekomplexes abschließt, bringt die imposante Gesamtkonstruktion voll zur Geltung. Die schmiedeeisernen Gittertore mit vergoldeten Ornamenten sind eine Sehenswürdigkeit für sich.

362. Katharinen-Palast. Kuppeln der Palastkirche

363. Gartenfassade des Katharinen-Palastes

364. Katharinen-Palast. Detail der Fassade

365

366

Der Katharinen-Palast war Zeuge vieler denkwürdiger Ereignisse. Hier trat zum Beispiel die Jaroslawler Laien-Theatertruppe Fjodor Wolkows, von der Elisabeth vorher viel gehört hatte, auf. Die Zarin war von ihrer Kunst begeistert, lud die jungen Schauspieler nach St. Petersburg ein und unterzeichnete 1756 den Ukas über die Gründung des ersten russischen Berufstheaters.
Katharina II. trug später ebenfalls viel zur Vervollkommnung des Park- und Schloss-Ensembles von Zarskoje Selo, ihrer Lieblingsresidenz, bei.

365. Gartenfassade des Katharinen-Palastes

366. Jewgenij Lanceray. 1875–1946
Zarin Elisabeth in Zarskoje Selo. 1905

367. Katharinen-Palast. 1752–1756.
Architekt Francesco Bartolomeo Rastrelli

369

370

Katharinen-Palast

Rastrelli baute den Palast grundlegend um, dekorierte ihn reich mit Skulpturen und schuf auch neue barocke Interieurs. Allein schon der Außendekor bringt den Reichtum von Rastrellis Phantasie zum Ausdruck: Die über 300 Meter lange Fassade wirkt keineswegs monoton, sie überrascht im Gegenteil durch erstaunliche plastische Aussagekraft. Elisabeth geizte nicht mit Geld für den Palast, es wurden etwa 100 kg Gold für die Ausstattungsarbeiten verarbeitet. Die Innenausstattung des Palastes steht an Prachtentfaltung den Außenfassaden nicht nach. Eine Vorstellung von Rastrellis Talent als Innenarchitekt vermittelt vor allem der *Große Thron-Saal* (auch *Helle Galerie* genannt). Der riesige mit üppigen vergoldeten Holzschnitzereien verzierte Saal (846 Quadratmeter) wirkt noch größer durch die 22 Glastüren mit einer Fensterreihe darüber, die unzähligen Spiegel in herrlichen geschnitzten Rahmen und die Deckenmalerei *Triumph Russlands*, eine komplizierte aus drei Teilen bestehende Komposition, die eine Illusion der Unendlichkeit des Raums schafft.
Der neben dem berühmten Bernsteinzimmer gelegene *Gemäldesaal* wurde ebenfalls nach dem Entwurf Rastrellis geschaffen. In diesem Saal sind die Gemälde nach dem sogenannten Teppichprinzip aufgehängt. Diese Art der Gemäldehängung ist typisch für die barocken Palastinterieurs. Die einhundertdreißig symmetrisch angeordneten

368. Katharinen-Palast. Großer Thron-Saal. Detail

369. Katharinen-Palast. Großer Thron-Saal

370. Louis Tocqué. 1696–1772. *Porträt der Zarin Elisabeth*

371

373

372

Bilder westeuropäischer Maler des 17. und beginnenden 18. Jahrhunderts repräsentieren verschiedene Gattungen der Malerei. Das Deckengemälde *Olymp* stammt vom venezianischen Maler Gasparo Diziani.

Unter Katharina II. wirkte in Zarskoje Selo ein anderer herausragender Architekt, der Schotte Charles Cameron, der neue, klassizistische Interieurs schuf. Cameron, ein großer Kenner der altgriechischen und römischen Kunst, improvisierte hier frei zum Thema altrömischer dekorativer Motive. Besonders deutlich wird das im *Schlafgemach der Maria Fjodorowna*, der Frau des Thronfolgers Paul. Hier trifft sich der intime Charakter eines Wohnraums mit der Pracht eines Prunksaals. Das Hauptelement der Ausstattung sind die schlanken,

371. Schlafgemach
372. Schlafgemach. Detail des Türdekors
373. Blaues Gastzimmer
374. Paradetreppe

375

376

reich ornamentierten Fayence-Säulen, wie man sie oft auf den Wandmalereien der pompejischen Häuser sieht. Die plastischen Panneaus (Bildhauer Ivan Martos) versinnbildlichen das stille Glück des Familienlebens.
Cameron verstand es, Malereien, Vergoldung und dekorative Stoffe effektvoll mit Möbeln und anderen Einrichtungsgegenständen zu kombinieren. Im *Blauen Gastzimmer* geben die blauen Seidentapeten einen herrlichen Hintergrund für strenge klassizistische Möbel und Spiegel ab.
Neben dem Blauen liegt das *Chinesische Gastzimmer*, in dem der Thronfolger seine Vertrauensleute empfing und das deswegen auch das Paradekabinett hieß. Die chinesischen Motive der Tapeten verband Cameron hier harmonisch mit antiken Sujets der Deckenmalereien und gab dem Raum damit ein besonderes Gepräge.

375. Paradetreppe. Oberer Treppenabsatz

376. Chinesisches Blaues Gastzimmer. Detail der Tapeten

377. Grünes Speisezimmer

378. Chinesisches Blaues Gastzimmer

377

378

381

382

Eine der Hauptsehenswürdigkeiten des Palastes war das *Bernsteinzimmer*. Die 52 Quadratmeter Fläche umfassende Bernstein-Wandbekleidung, war 1709 von Königsberger Künstlern für das Arbeitszimmer Friedrich-Wilhelms I. von Preußen gefertigt worden. Dieser überließ 1716 das Bersteinzimmer Peter dem Großen gegen 248 groß gewachsene Soldaten für seine Leibwache. Nachdem das Bernsteinzimmer zunächst im Winterpalast in Petersburg eingerichtet war, wurde es auf Anordnung von Elisabeth 1755 nach Zarskoje Selo gebracht, wo es 1942 von den deutschen Besatzern abmontiert und in das Schloss von Königsberg gebracht. Dann verlor sich die Spur des einzigartigen Kleinods. Inzwischen wurde es von Petersburger Restauratoren neu geschaffen.

←

379, 381. Bernsteinzimmer

380. Bernsteinzimmer. Detail des Interieurs

382. Gemäldesaal

383

384

385

383. Katharinen-Palast von den beiden Spiegelteichen gesehen
384. Cameron-Galerie
385. Cameron-Galerie. 1784–1787. Architekt Charles Cameron
386. Cameron-Galerie. Freitreppe
387. Achat-Zimmer vom Hängenden Garten gesehen

Katharinen-Park

Rastrelli vollendete den Garten vor der Nordfassade des Katharinen-Palastes und brachte den Bau einiger Pavillons, darunter der »Ermitage«, eines richtigen Palais, das für kleine Gesellschaften und intime Empfänge bestimmt war, zum Abschluss. Am ältesten ist der Nordteil des Parks. Seine Alleen schmücken zahlreiche Marmorplastiken, die teilweise aus dem 18. und 19. Jahrhundert stammen und sogar signiert sind: Es handelt sich dabei um Werke der venezianischen Bildhauer Pietro Baratta, Antonio Tarsia und Giovanni Bonazza, deren Arbeiten auch im Sommergarten in Petersburg sehen kann. Baratta schuf eine der schönsten Statuen des Katharinen-Parks: Galatea.

Unter Katharina II. wurde der Park (100,5 Hektar) zu einer Art »Pantheon des russischen Ruhmes«. Er ist übersät mit Denkmälern zur Erinnerung an die 1770–1790 über die Türken errungenen Siege. Dies sind vor allem die mit Rostren (Schiffsschnäbeln) verzierte *Tscheschme-Säule*, die *Morea-Säule* und der *Kagul-Obelisk*.

In den Jahren 1783–1787 verwirklichte Cameron den Traum Katharinas II., die hier »eine griechisch-römische Rhapsodie« haben wollte, und schuf ein »architektonisches Poem« im Geiste des Klassizismus: die Cameron-Galerie. Die eindrucksvolle Galerie im ionischen Stil mit ihrer weißen Kolonnade schwebt gleichsam über dem Malachitgrün der Baumkronen. Die Freitreppe, die von der Seite der »Grotte« zur

388

389

Galerie führt, flankieren zwei gewaltige Bronzestatuen: *Herkules* und *Flora*. In der Galerie findet man 54 Bronzebüsten der prominenten Persönlichkeiten des Alten Griechenland (eine Ausnahme bildet das plastische Porträt Michail Lomonossows, des größten russischen Gelehrten des 18. Jahrhunderts). Es handelt sich dabei um Kopien der antiken Plastiken, die in der Petersburger Akademie der Künste angefertigt wurden.

Ein herrlicher Blick öffnet sich von der Südseite der Galerie. Die hohe Kunst der Gartenmeister kam hier voll zur Geltung. Sie »malten« gleichsam eine entzückende Landschaft und benutzten dabei statt Farben verschiedene Baumarten: Im Vordergrund placierten sie niedrige Bäume mit hellen Kronen, während sich die hohen schlanken Nadelbäume im Hintergrund gleich einer Kulissenwand erheben.

An die Cameron-Galerie schließen sich die 1780–1787 von Cameron errichteten *Kalten Bäder*, deren Fassaden mit Bronze- und Steinstatuen dekoriert sind. Die Interieure des ersten Stocks werden die

388. Pandus. 1792–1794. Architekt Charles Cameron

389. Cameron-Galerie aus einem Bogen des Pandus gesehen

390

Achatzimmer genannt. Die Wände dieser Räume sind mit verschiedenfarbigem Marmor und Halbedelsteinen verkleidet, daher die Namen der Interieure: das Achatkabinett, das Jaspiskabinett u.a. Die Hauptfassade schmückt ein 10-Säulen-Portikus. Rechts und links davon befinden sich im Innern zwei Kabinette, in der Mitte aber der Große Saal, der als Gastzimmer und Konzertsaal diente.

Der *Pandus*, ein stufenloser Abstieg, der ebenfalls zum architektonischen Ensemble der Cameron-Galerie und der Kalten Bäder gehört, führt in den malerischen Landschaftspark und mündet in die *Rampenallee*. Cameron interpretierte ihn im Geiste der alten zyklopischen Bauten wie zum Beispiel die Aquädukte, die altrömischen Wasserleitungen in Gestalt einer Brücke, die eine Rinne trägt. An den Schlusssteinen der gewaltigen, den Pandus tragenden Bögen erscheinen steingeschnitzte Maskarone – die nach Wassilij Stassows Zeichnungen ausgeführten Merkur, Pan, Silen u.a. – ein interessantes Beispiel der russischen dekorativen Skulptur des späten 18. Jahrhunderts.

Katharina II. schrieb über Cameron in einem Brief: »Ich habe jetzt einen Baumeister namens Cameron, der Herkunft nach Schotte, der Gesinnung nach Jakobiner (Radikaler in der französischen. Revolution – *Anm. d. Übersetzers*), einen großen Künstler und Kenner des klassischen Altertums, der durch sein Buch ›Über die alten Thermen‹ bekannt ist. Wir ›basteln‹ hier, in Zarskoje Selo, zusammen an einem Garten mit Terrassen, Bädern und einer Galerie. Das wird eine Augenweide!«

Der unmittelbar am Ufer des Großen Teiches gelegene Pavillon »Grotte« (auch »Morgensaal« genannt; 1749–1751, Architekt Rastrelli) diente zur Erholung während der Bootsfahrten. Sein Standort und Zweck bestimmten den Charakter des Dekors, in dem Meeresungeheuer, Delphine, Muscheln u.ä. vorherrschen.

Am Anfang der 1770er Jahre wurde in der Gartenarchitektur eine neue Mode deutlich: das Interesse an »historischen Stilen«, vor allem der Gotik und der orientalischen Dekorsprache, vor allem der Chinoiserie

390, 392, 393. Katharinen-Park.
Dekorative Skulpturen aus dem 17. und 18. Jh.

391. Katharinen-Park

391

392

393

394

395

(an chinesische Vorbilder anknüpfende Zierformen in der Kunst). So entstand am Ufer des Großen Teiches der aus drei Teilen bestehende Baukomplex »Admiralität« (1773–1777, Architekt Wassilij Nejelow). Im Hauptgebäude der »Admiralität« wurden Boote aufbewahrt, daher sein Name. Der runde Turm mit Zinnen, die Bogenfenster und das dekorative Backsteinmauerwerk sind ein Zugeständnis an die damals modische englische Gotik.

Im Südwesten des Großen Teiches findet man das Türkische Bad (1850–1852, Architekt Hyppolites Monighetti), errichtet zu Ehren des Sieges im Türkischen Krieg von 1850–1852. Der Baumeister gestaltete das Gebäude in Form einer Moschee mit einem zweistöckigen Minarettturm und dekorierte es im Innern mit originalen Kunstwerken der orientalischen angewandten Kunst.

Sehenswert ist im Katharinen-Park auch die in Form einer Kolonnade auf einem Granitsockel gestaltete Marmor- oder Palladijew-Brücke (1772–1774, Architekt Nejelow). Der zweite Name erklärt sich dadurch, dass Nejelow einen Entwurf des italienischen Baumeisters der Renaissance, Andrea Palladio, benutzte. Der Marmor für

die Brücke kam aus Sibirien, deshalb wurde sie oft auch Sibirische Brücke genannt.
Eine weitere Sehenswürdigkeit des Parks ist die bereits obenerwähnte Tscheschme-Säule, die zur Erinnerung an den Sieg der russischen Flotte in der Seeschlacht bei Tscheschme während des russisch-türkischen Kriegs von 1768–1774 errichtet wurde. »In der Nacht vom 25. zum 26. Juni haben wir die türkische Kriegsflotte angegriffen, geschlagen, verbrannt, in die Luft gesprengt, versenkt, zu Asche gemacht und ihr unauslöschliche Schande angetan«, schrieb Admiral Spiridow an den Vizepräsidenten des Admiralitätskollegiums Graf Tschernyschow. Bis zum Anbruch

394. Tscheschme-Säule. 1774–1776.
Architekt Antonio Rinaldi

395. Blick auf die Brücken am Konzertsaal

396. »Admiralität«. 1773–1777.
Architekt Wassilij Nejelow

397. Türkisches Bad. 1850–1852.
Architekt Hyppolites Monighetti

398. Cameron-Galerie. Dekorative Vase

396

397

398

399

400

des Tages verbrannten 16 Linienschiffe, 6 Fregatten und etwa 50 kleine Schiffe. Die Türken hatte 11.000 Tote und Verwundete; die Verluste der Russen betrugen 11 Tote. Die Medaille zu Ehren des Tscheschme-Sieges, die alle Teilnehmer erhielten, weist eine lakonische Inschrift auf: »War dabei«. Der Oberbefehlshaber der russischen Seestreitkräfte im Mittelmeer während dieses Krieges, Graf Orlow, erhielt den Ehrentitel Graf von Tscheschme.

399. Pavillon *Grotte*. 1749–1761.
Architekt Francesco Bartolomeo Rastrelli

400. Palladijew-Prücke. 1772–1774.
Architekt Wassilij Nejelow

401. *Fontäne Milchmädchen mit zerbrochenem Krug*.
1816. Bildhauer Pawel Sokolow

403

404

405

Chinesisches Dorf

Chinoiserien begegnet man vor allem im nördlich gelegenen Alexander-Park, der mit dem Katharinen-Park durch zwei Brücken verbunden ist. Hier ließ Katharina II. 1770–1780 einen ganzen Baukomplex aus 10 Häusern in dem damals modischen »chinesischen Stil« entstehen: das *Chinesische Dorf*. Die *Große Kaprice*, ein einzigartiges Denkmal der Gartenbaukunst des 18. Jahrhunderts, stellt eine originelle Brücke dar: In der Mitte erscheint eine elegante Gartenlaube, deren europäische Form – die achteckige Rotunde – sich mit einem orientalischen Dach verbindet. Die ebenfalls von einer Laube gekrönte *Kreuzbrücke* führt über den Kreuzkanal. In der Nähe befindet sich die *Chinesische* (*Knarrende*) Laube.

402, 404. Alexander-Park. Chinesisches Dorf. Architekten Wassilij Nejelow und Charles Cameron (1782–1798) und Wassilij Stassow (1817–1822)

403. Alexander-Park. Kreuzbrücke. 1776–1779. Architekt Wassilij Nejelow

405. Alexander-Park. Große Caprice. 1770–1790. Architekt Wassilij Nejelow

406

407

Lyzeum

Zarskoje Selo ist nicht nur als ehemalige Zarenresidenz und grandioses Park- und Schloss-Ensemble des 18.–19. Jahrhunderts interessant: Seit 1937 trägt dieser Ort den Namen Alexander Puschkins und ist mit Leben und Werk des größten russischen Dichters eng verknüpft, dessen epische und lyrische Dichtungen, Dramen, Romane und Erzählungen in der russischen Literatur grundlegende und richtungweisende Bedeutung hatten. Hier studierte er sechs Jahre lang im Lyzeum und schrieb seine ersten Gedichte. Der junge Dichter besang verständlicherweise auch die herrlichen Parks von Zarskoje Selo. Zum Beispiel inspirierte ihn die Fontäne Milchmädchen mit zerbrochenem Krug: »Lässig die Urne mit Wasser gefüllt ließ fallen das Mädchen. Trauernd sitzet die Magd, hält den zerbrochenen Krug. Wunder: Das Wasser versiegt nicht, es fließt aus zertrümmerter Scherbe. Ewig rinnet der Quell, ewig trauert die Magd...«.
Während der Abschlussprüfung im Lyzeum am 8. Januar 1815 im Alter von fünfzehn Jahren trug er in Anwesenheit des berühmten Dichters Gawrila Dershawin seine »Erinnerungen an Zarskoje Selo« vor, durch

408

409

die er bekannt wurde. Der greise Dershawin war tief beeindruckt und applaudierte begeistert, Puschkin aber lief vor Verlegenheit fort. Später beschrieb er diese Episode als eine der glücklichsten Minuten seines Lebens.
1900 wurde im Lyzeumsgarten anlässlich des 100. Geburtstages des Dichters zum Andenken an seine Lyzeumsjahre ein Puschkin-Denkmal (Bildhauer Robert Bach) aufgestellt.

406. Katharinen-Palast. Kuppeln der Palastkirche

407. Puschkin-Denkmal im Garten des Lyzeums. 1900. Bildhauer Robert Bach

408. Palastkirche des Katharinen-Palastes und Lyzeum

409. Ilja Repin. 1844–1930. *Puschkin während der Abschlussprüfung im Lyzeum in Zarskoje Selo am 8. Januar 1815.* 1911

412

413

Alexander-Palais

An der Südfassade des Katharinen-Palastes, vor dem weiten Ehrenhof, erstreckt sich der im ersten Drittel des 19. Jahrhunderts angelegte Alexander-Park, der eine weitere Sehenswürdigkeit birgt: das *Alexander-Palais*, ein Werk Giacomo Quarenghis aus den Jahren 1792–1796. Katharina II. ließ es für ihren Lieblingsenkel, Alexander (später Alexander I.), errichten. Sie kümmerte sich persöhnlich um seine Erziehung und wollte ihn – statt seines Vaters, des Großfürsten Paul – zum Thronfolger machen. Als Alexander nach dem Tod Pauls I. den Thron bestiegen hatte, überließ er das Palais seinem Bruder, dem Großfürsten Nikolaj Petrowitsch, dem späteren Nikolaus I.

Das Hauptgebäude und die beiden im rechten Winkel zu ihm stehenden Flügel bilden zwei Ehrenhöfe, die durch einen prächtigen korinthischen Säulengang voneinander getrennt sind. Zwei Athleten-Statuen schmücken die Freitreppe: der Swajka-Spieler (ein volkstümliches

410. Ägyptisches Tor. 1827–1830. Architekt Adam Menelaws

411. Alexander-Palais. 1792–1796. Architekt Giacomo Quarenghi

412. Alexander-Palais. Kabinett Nikolaus' II.

413. Wladimir Makowskij. 1846–1920. *Porträt Nikolaus II.*

russisches Spiel) von Alexander Loga-nowski und der Knöchelchen-Spieler von Stepan Pimenow.

Von Quarenghis Interieurs im Alexander-Palais ist nur der Zentrale Saal, ein großartiges Beispiel des Klassizismus, erhalten geblieben. Die anderen Räume gestaltete Quarenghi selber bei der Einrichtung der Gemächer für Nikolaus II., der nach der Revolution von 1905 fast ständig in Zarskoje Selo wohnte, um.

Das Alexander-Palais war der ständige Wohnsitz des letzten russischen Zaren, Nikolaus' II., und seiner Familie; aus diesem Palais wurde er nach seiner Abdankung zuerst nach Tobolsk, dann nach Jekaterinburg geschickt, wo die schreckliche Hinrichtung stattfand.

Während des Zweiten Weltkrieges wurde das Palais beschädigt. Seit 1997 kann man im linken Flügel des Gebäudes eine permanente Ausstellung sehen: Kostüme, Kunstwaffen, Möbel u.a.m. Inzwischen wurden das Empfangszimmer, das Neue Kabinett Nikolaus II. und das Eckgastzimmer der Zarin Alexandra Fjodorowna wiederhergestellt. Im gut erhaltenen Arbeitszimmer Nikolaus' II. ist unter anderem ein Porträt seines Vaters, Alexanders III., von der Hand des großen russischen Porträtmalers Valentin Serow zu sehen. In der »Kinderhälfte« sind Kleider der Großfürstinnen und des Thronfolgers, Zarewitsch Alexej, sowie dessen Spielsachen ausgestellt.

Das Ägyptische Tor

Das 1828 nach dem Entwurf Menelaws' an der Stelle des ehemaligen Stadttores errichtete Ägyptische Tor bildet die Einfahrt in die Stadt. Im Jahr 1937, zum 100. Todestag Alexander Puschkins, wurde gegenüber dem Ägyptischen Tor ein Denkmal für den Dichter aufgestellt, bei dem es sich allerdings um ein bereits 1911 entstandenes Werk von Leopold Bernstamm handelte. Während des Krieges benutzten es die Faschisten als eine Zielscheibe beim Übungsschießen. 1949 wurde das Denkmal restauriert.

414. Haupttor und Ehrenhof des Katharinen-Palastes

415. Gitterzaun des Ehrenhofes. Detail

416. Katharinen-Palast →

Pawlowsk

Das südlich von Zarskoje Selo gelegene Pawlowsk verdankt seinen Ruhm dem Schloss und dem riesigen Park, der als der malerischste und poetischste in der Umgebung St. Petersburgs gilt. Katharina II. schenkte ihrem Sohn, dem Großfürsten Pawel Petrowitsch, und dessen Frau Maria Fjodorowna Ende der 1770er Jahre die Ländereien am Fluss Slawjanka. Das 1782–1785 von Charles Cameron errichtete Schloss von Pawlowsk diente sowohl offiziellen Empfängen als auch Festveranstaltungen zu Ehren ausländischer Monarchen. Die Ehrenallee führt zum Eingang des elipsenförmigen Ehrenhofs, in dessen Mitte eine Statue Pauls I. (1851, Iwan Witali, aufgestellt 1872) steht. Im Hintergrund liegt der dreigeschossige rechteckige Kernbau des Schlosses. Darüber erhebt sich ein Säulenrundbau mit einer Flachkuppel. Im Norden und Süden schließen sich zwei bogenförmig nach Osten ausschwingende Seitengalerien an. Ganz anders wirkt das Schloss von den Ufern der Slawjanka gesehen. Seine schlichte und doch zugleich erhabene Westfassade ist weithin sichtbar. Man könnte es für ein schönes Gutsbesitzerhaus halten. Der grüne Hügel, auf dem das Gebäude liegt, bildet eine Art Postament. Die weißen Säulen, die den dreieckigen Ziergiebel stützen, und die elegante Kolonnade der Trommel darüber erzeugen den Eindruck der Leichtigkeit.

In Pawlowsk wirkten zwei Generationen von Baumeistern. Den bedeutendsten Beitrag zur Ausschmückung von Pawlowsk leistete Cameron.

Paul I., noch als Thronfolger, und seine Frau, Maria Fjodorowna, legten großen Wert darauf, ihr Familiennest in eines der schönsten Park- und Schloss-Ensembles Europas zu verwandeln. Sie trugen im Schloss von Pawlowsk eine reiche Kunstsammlung zusammen. Unter dem Inkognito-Namen Graf und Gräfin von Norden unternahm das großfürstliche Ehepaar eine Europa-Reise,

417. Denkmal für Paul I. 1872.
Iwan Witali (Kopie des Denkmals aus dem Jahr 1851, das vor dem Schloss von Gatschina steht)

418. Blick auf die Ostfassade des Schlosses

419. Schloss von Pawlowsk aus der Vogelperspektive gesehen

lernte die europäische Kunst kennen und erwarb zahlreiche Bilder, Plastiken, kostbare Porzellanerzeugnisse, Möbel etc. Dank ihres sicheren künstlerischen Geschmacks suchten die beiden Eheleute nur die besten und erlesensten Kunstgegenstände aus, die bereits unter Berücksichtigung der neuen, klassizistischen Tendenzen angefertigt waren.
Nach der Ermordung Pauls I. sorgte seine Witwe für das Schloss und den Park von Pawlowsk allein weiter, diese Sorge wurde zu ihrem Lebenswerk. Maria Fjodorowna (Sophie Dorothea, Prinzessin von Württemberg) war im Alter von 16 Jahren nach Russland gekommen und bemühte sich sehr um die Entwicklung ihrer zweiten Heimat. Im Salon der Zarenwitwe versammelten sich bedeutende Literaten, weswegen Pawlowsk auch der »russische Parnass« genannt wurde. Sie auch stellte den ersten Katalog der Kunstsammlung von Pawlowsk zusammen.

418

419

420

421

Interieure des Schlosses von Pawlowsk

Das Schloss von Pawlowsk ist durch erlesene Pracht der Interieure berühmt, aber auch durch seine großartigen Sammlungen der Malerei, Bildhauerei, Möbel, Wandteppiche, Bronzen, Uhren, Vasen und Kronleuchter.
Das *Untere* oder *Ägyptische Vestibül* (Architekt Cameron) schmücken zwölf Plastiken im ägyptischen Stil, die die zwölf Monate symbolisieren. Diese Skulpturen stammen aus den Jahren 1803–1804, sie wurden nach den Zeichnungen des Architekten Andrej Woronichin angefertigt, der an den Wiederherstellungsarbeiten nach dem Brand von 1803 teilnahm. Über den Plastiken erscheinen Medaillons mit Tierkreiszeichen.
Aus dem Unteren gelangt man in das *Obere Vestibül* (1789, Architekt Vincenzo Brenna), in dem die Wachaufzüge abgehalten wurden und weswegen die Waffenmotive vorherrschend sind. Eine mit Intarsien nach Quarenghis Zeichnungen verzierte Tür führt in den kreisrunden, wie ein antiker Tempel anmutenden *Italienischen Saal*, der das Kompositionszentrum des Gebäudes bildet. Er nimmt die ganze Höhe des Palais ein. Die mit Kunstmarmor verkleideten Wände schmücken originale antike Reliefs, bei denen es sich um Werke bedeutender römischer Bildhauer des 1. und 2. Jahrhunderts n. Chr. handelt. Die Plastiken in den Nischen, römische Kopien von griechischen Originalen, sind ebenfalls etwa zweitausend Jahre alt. Die Bögen der Empore wiederholen gleichsam die runden Nischen unten und erzeugen das Gefühl der Leichtigkeit und »Durchsichtigkeit« des Interieurs. Eine wichtige Rolle spielt hier die Beleuchtung: Am Tag lässt das von oben strömende sanfte Licht den Saal fast geheimnisvoll erscheinen, doch abends, wenn der prachtvolle Kronleuchter und die Wandleuchter in Form von Jagdhörnern angezündet werden, wirkt er feierlich. Den Italienischen Saal kann man wohl als ein kollektives Werk von Cameron, Brenna,

420. Griechischer Saal

421. Ägyptisches Vestibül

422. Großer Thron-Saal (Galaspeisezimmer)

423. Großer Thron-Saal. Girandole. Ende des 18. Jh. Kaiserliche Glasfabrik, St. Petersburg

424. Drittes Durchgangszimmer Kaminuhr. Zweite Hälfte des 18. Jh. Werkstatt von Pierre Auguste Caron

422

423

424

426

427

Quarenghi und Woronichin bezeichnen, die hier zu verschiedenen Zeiten arbeiteten.
Der Griechische Saal oder Ballsaal, eines der schönsten Interieure im Schloss, ist eine wahre Hymne auf die Kunst des Alten Griechenland. Dieser Raum wurde von Brenna nach dem Muster eines Peristyls (von Säulen umgebener Innenhof) gestaltet. Zwei Reihen grüner korinthischer Kunstmarmor-Säulen und die dazwischen hängenden Leuchten in Form von antiken Opferschalen verleihen dem Saal strenge Feierlichkeit. Die Decke ist mit erlesenen Stuckverzierungen reich dekoriert.
Im Südteil des Gebäudes befindet sich das *Prunkschlafgemach* (1792, Architekt Brenna), das an Pracht den Schlafzimmern in den französischen königlichen Palästen nicht nachsteht. Die Wände sind hier mit dekorativen Seidenpanneaus bespannt, auf denen Symbole des friedlichen, idyllischen Lebens im Schoß der Natur vorherrschen: Blumengirlanden und Früchte, Musikinstrumente und landwirtschaftliche Geräte. Die im gleichen Stil ausgeführten Deckenmalereien zeigen ein mit Blumen umwundenes Gartengitterwerk. Die aus einem Bett mit Baldachin, einem Sofa und einigen Sesseln bestehende Garnitur stammt aus der Werkstatt des französischen Kunsttischlers Henri Jacob. Das Toilettengeschirr aus Sèvres-Porzellan ist ein Geschenk von Marie-Antoinette. Die 64 kobaltblauen Gegenstände sind mit Goldfarben fein bemalt. Zwei Tassen weisen Porträts von Marie-Antoinette und Ludwig XVI. auf.

425. Italienischer Saal

426. Blick auf die Ostfassade des Schlosses

427. Alexander Roslin. 1718–1793
Porträt der Zarin Maria Fjodorowna. 1777

428

In einer hellen, von beiden Seiten beleuchteten Galerie (1798, Architekt Brenna) ist der Großteil der Bildersammlung von Pawlowsk untergebracht. Der Hängung liegt hier das dekorative Prinzip zugrunde. Besonders effektvoll sind Gemälde der italienischen und flämischen Meister. Einige Werke wurden von namhaften europäischen Künstlern auf Bestellung des großfürstlichen Ehepaars gemalt.
Der 400 Quadratmeter große *Thron-Saal*, ebenfalls von Brenna gestaltet, liegt im Südflügel des Schlosses. Der riesige Saal war nicht hoch genug für seine eigentliche Zweckbestimmung, der Architekt wollte jedoch Decke nicht erhöhen, um die dominierende Rolle des Hauptgebäudes erhalten. Da legte der große Meister der Perspektivenmalerei, Pietro Gonzaga, den Entwurf einer Deckenmalerei vor, die den Raum nicht nur viel höher wirken ließe, sondern ihm den Triumphcharakter verleihen würde. Doch der Plan des talentierten Monumentalisten wurde erst 1975, während der Restaurierungsarbeiten, von einer Künstlergruppe unter Treskin verwirklicht.
Heute kann man im Thron-Saal einige repräsentative Service, darunter das aus 600 Gegenständen bestehende Gurjewskij-Service (1828, Petersburger Porzellanmanufaktur), sehen.

428. Bildergalerie
429. Prunkschlafgemach
430. Kabinett *Laterne*

429

431

432

Im Erdgeschoss befinden sich schlichte, doch den Prunkräumen an Eleganz und Schönheit nicht nachstehende Privatgemächer, zum Beispiel das Kabinett *Laterne* (1807, Architekt Woronichin), ein Meisterwerk des russischen Interieurs des frühen 19. Jahrhunderts. Der Architekt ersetzte hier die Außenwand durch einen halbrunden Erker, dessen Fenster in den Garten gehen. Das Licht durchflutet den Raum durch die großen Fenster und schafft darin ein geheimnisvolles Licht-und-Schatten-Spiel. Die Kassettendecke dieser »Rotunde« stützen vier Säulen, den Bogen flankieren zwei Karyatiden (Bildhauer Wassilij Demut-Malinowskij).

431–434. Ausstellung *Russisches Interieur des 19. bis Anfang des 20. Jh.*

433

434

435

436

Park von Pawlowsk

Der ursprüngliche Plan des Parks, dessen Fläche heute 600 Hektar beträgt, stammte von Cameron. 1782 wurden die ersten breiten und geraden Schneisen in den Wald geschlagen. Sie gingen vom Schloss aus, um das herum der reguläre Park angelegt wurde. Während der ersten Bauetappe, 1782–1796, errichtete Cameron in der Nähe des Schlosses zehn Pavillons, die Kompositionszentren verschiedener Parkteile bildeten. Dazu gehört beispielsweise der *Freundschaftstempel*. Dieser runde Pavillon mit einer Kolonnade war für kleine Konzerte bestimmt. Paul I. widmete ihn seiner Mutter, Katharina II., wovon einst die Worte »Liebe, Verehrung und Dankbarkeit« zeugen sollten. Der auf einer kleinen Halbinsel gelegene Freundschaftstempel ist ein Glanzstück der Gartenarchitektur. Erhabene Einfachheit, erlesene Proportionen, Verbundenheit mit der Landschaft – das alles sind Stilmerkmale, die für alle Werke Camerons charakteristisch sind.

Camerons letzter Bau in Pawlowsk war der *Pavillon der drei Grazien* (1800–1801), der an einen antiken Portikus erinnert. Er stellt

435. Kentauren-Brücke. 1799–1805. Architekten Charles Cameron und Andrej Woronichin

436. Das Alte Sylvia. Statue *Apollon von Belvedere*. 1798. Bronzeplastiker Edme Gastecloux. Kopie eines antiken Originals

eine Steinterrasse mit 16 ionischen Säulen dar, die ein Satteldach stützen. Die Giebel schmücken Reliefdarstellungen des Apollon mit der Lyra und der Minerva, der Göttin der Weisheit. In der Mitte des Pavillons steht die Skulptur *Drei Grazien*, bei der es sich um eine Kopie der berühmten Plastik Antonio Canovas handelt. Sie wurde von Paolo Triscorni aus einem Marmorblock gemeißelt.

Zu den zahlreichen Sehenswürdigkeiten des Pawlowsker Parks gehört die *Apollon-Kolonnade*. Dieser 1783 von Cameron beim Eingang in den Park errichtete runde dorische Säulengang mit einer Apollon-Statue in der Mitte, bei der es sich um eine Kopie des Apollon von Belvedere handelt, ist schon längst zu einem Wahrzeichen von Pawlowsk, einer Stadt der Poesie und Kunst, geworden. Im Jahre 1800 wurde die Kolonnade an das hohe Ufer der Slawjanka überführt. Sieben Jahre später stürzte ein Teil des Säulengangs während eines Gewitters zusammen, wodurch das Bauwerk noch romantischer wirkt.

Nach seiner Thronbesteigung im Jahre 1796 beauftragte Paul I. seinen Lieblingsarchitekten, Vincenzo Brenna, damit, das Schloss zu erweitern und die Innenräume umzugestalten. Aus dieser Zeit stammen das *Alte* und *Neue Sylvia* (vom lat. »silva« – Wald, Park), der *Peel-Turm* und die *Ruinenkaskade*. Das Neue Sylvia durchschneiden zwölf Wege, die strahlenförmig von einem kleinen runden Platz ausgehen, der mit den Statuen des Apollon und der Musen sowie der *Aphrodite Kallipygos*, der *Flora* und des *Merkur* (1782, Bildhauer Fjodor Gordjejew), geschmückt ist. Jeder dieser Wege führt zu einer Skulptur, einem Pavillon u.ä.

Einen wesentlichen Beitrag zur Vollendung des Park- und Schloss-Ensembles von Pawlowsk leistete Pietro Gonzaga. Er schuf sowohl Palastinterieurs als auch ganze neue Landschaften, die die Schönheit der Natur

437. Statue *Hermine*.
Mitte des 19. Jh. Bildhauer Rinaldo Rinaldi

438. *Apollon-Kolonnade*. 1782–1783.
Architekt Charles Cameron

439. Die Große Steintreppe.
Abstieg zum Slawjanka-Fluss

440. Kentauren-Brücke und Schloss von Pawlowsk.
Architekten Charles Cameron (1782–1786); Vincenzo Brenna (1786–1799); Giacomo Quarenghi, Andrej Woronichin und Carlo Rossi (1800–1825)

438

439

440

441

442

besser zur Geltung bringen. Als begabter Dekorateur entwickelte er ein besonderes System der Anordnung von Bäumen und Büschen, das die zeitlichen Unterschiede ihres Blühens und Welkens berücksichtigte, so dass das Laubwerk vom Frühling bis zum Spätherbst – während der ganzen Anwesenheit der Zarenfamilie – verschiedene Farben zeigte.

Der Park von Pawlowsk zeichnet sich durch eine einzigartige Eigenart und Vielfalt von Stilrichtungen der Gartenkunst aus. Er ist ein wahres philosophisches Poem, dessen Strophen verschiedenartige, oft durch Pavillons, dekorative Plastiken u.ä. belebte Landschaften bilden. Doch ihn schmücken nicht nur Denkmäler der klassizistischen Kunst. Am Flussufer, unter den Bäumen, begegnet man auch Bauten ganz anderer Art. Auf Wunsch seiner Auftraggeber, die den damals modischen sentimental-romantischen Schwärmereien ebenfalls nicht ablehnend gegenüberstanden, baute Cameron 1782 die *Milchfarm*, eine theatralische Version einer Bauernhütte. Die aus groben Steinen gebaute und strohgedeckte Hütte barg ein schönes Interieur. Hier erholte man sich und trank frische Milch von den Kühen, die in der Nähe grasten.

Der runde stämmige Peel-Turm am Slawjanka-Ufer wurde 1795–1797 von Brenna errichtet. Auf den ersten Blick erscheint dieser Turm im Pawlowsker Park als zufällig. Doch früher bildete er zusammen mit einem Flussdamm und einer Sägemühle eine Komposition im Geiste

443

444

der obenerwähnten romantisch-idyllischen Fantasien des 18. Jahrhunderts. Er täuschte eine alte, von den Landleuten in eine Wohnstätte umfunktionierte Ruine, vor. Auf der Außentreppe gelangt man in einen kleinen Salon mit einer Bibliothek.

Das Park- und Schloss-Enesmble von Pawlowsk stellt eine einzigartige Erscheinung der russischen Kultur des ersten Drittels des 19. Jahrhunderts dar. Seine beseelte Schönheit inspirierte viele Künstler und Dichter. Nach der Zahl der dort gezeigten Gemälde und Graphiken, steht Pawlowsk vielleicht nur St. Petersburg nach.

441. *Pavillon der drei Grazien*. 1800–1801. Architekt Charles Cameron

442. *Peel-Turm*. 1795–1797. Architekt Vinzenco Brenna

443. *Freundschaftstempel*. Architekten Charles Cameron (1780–1782) und Vincenzo Brenna (1799)

444. Denkmal für Maria Fjodorowna. 1914. Bildhauer Wladimir Beklemischew

445. Blick auf das Schloss und Slawjanka-Fluss →

447

Gatschina

Gatschina, 45 Kilometer südöstlich von St. Petersburg, ist die entfernteste Zarenresidenz in der Umgebung St. Petersburgs. Dieser Ort wird oft in Schenkungsurkunden des 18. Jahrhunderts erwähnt. Peter der Große schenkte ihn 1712, nach der Zurückeroberung der russischen Lande an der Newa und am Finnischen Meerbusen, seiner Lieblingsschwester Natalia, die Kaiserin Anna Ioannowna dem Fürsten Kurakin, Katharina II. ihrem Favoriten, Grigorij Orlow. Der Letztgenannte war einer der reichsten Gutsbesitzer Russlands und veränderte bald grundlegend sowohl das Gesicht als auch die Lebensweise des kleinen Städtchens. In den 60er Jahren des 18. Jahrhunderts wurde mit dem Bau des Park- und Schloss-Ensembles in Gatschina begonnen.

Nach dem Tod Grigorij Orlows im Jahre 1783 schenkte Katharina II. Gatschina ihrem Sohn, dem Thronfolger Pawel Petrowitsch, und seiner Frau. Dreizehn Jahre lang war Gatschina die großfürstliche Residenz. Nach 1796 erhielt es auf Befehl Pauls den Status einer Stadt. Hier wurden bald das Rathaus, ein Lazarett, eine Volksschule, eine Kirche, die Post, eine Glas- und Porzellanfabrik gebaut.

Die Zarenresidenz von Gatschina ist nicht nur als ein bemerkenswertes Park- und Schloss-Ensemble, sondern auch als ein herausragendes historisches Denkmal interessant.

446. Schloss von Gatschina. 1766–1781. Architekt Antonio Rinaldi

447. Salvatore Tonci. 1756–1844. *Porträt Paul I.*

Schloss von Gatschina

Das 1766–1781 von einem herausragenden Vertreter des Klassizismus, Antonio Rinaldi, errichtete Schloss ist auf einem Hügel gelegen und beherrscht die umgebende Landschaft. Die dem Ehrenhof zugekehrte über 270 Meter lange Südfassade verdeckt den Park und zwingt den Betrachter, sich ganz auf das architektonische Antlitz des Schlosses zu konzentrieren. Das Hauptgebäude mit zwei fünfeckigen Türmen wird durch halbrunde Galerien mit den beiden Seitenflügeln in Form von Karrees, deren Ecken achteckige Türme markieren, verbunden.

Zu den Lieblingsbeschäftigungen des Thronfolgers gehörten Paraden und Truppenübungen. Die offenen halbrunden Galerien ließ er zumauern, die grüne Wiese vor der Hauptfassade wurde zu einem Exerzierplatz, um das Schloss herum entstand ein Wassergraben mit Zugbrücken, dazu kamen Bastionen mit Schießscharten für die Kanonen.

Wie jedes richtige Schloss hatte auch das Gatschinaer Schloss einen 120 Meter langen unterirdischen Geheimgang an der Nordseite des Gebäudes, der bereits unter Orlow eingerichtet wurde.

Im Jahre 1851 wurde auf dem Platz vor dem Schloss ein Denkmal für Paul I. (Bildhauer Iwan Witali) enthüllt. Eine Kopie davon steht vor dem Schloss in Pawlowsk.

»Das Schloss von Gatschina und Paul!… Sie sind in unserer Vorstellung unzertrennlich – so gut passen sie zueinander, so stark haben sie einander beeinflusst«, schrieb der bekannte russische Architekt und Künstler Nikolaj Lanceray. »Der seltsame, rätselhafte Zar und das seltsame, rätselhafte Schloss. Das Erstaunliche ist, dass es eigentlich nicht für Paul bestimmt und gebaut wurde, dabei kann man sich kaum etwas anderes vorstellen, wenn man an das Leben des Gatschinaer königlichen Einsiedlers denkt. Paul prägte dermaßen den Geist der Gatschinaer Bauten, dass man zu Recht sagen kann, Gatschina sei Pauls Werk«.

Unter Paul I. wurden die Innenräume des Schlosses umgestaltet. Die Prunksäle befanden sich im mittleren Teil des Gebäudes, im ersten Stock. Einige Interieure wurden nach

449

450

448. Marmorspeisezimmer

449. Empfangssaal

450. Thron-Saal Pauls I.

451

den Zerstörungen des Zweiten Weltkrieges restauriert und sind heute zu besichtigen. Die Wände des Marmorsaals (Speisessals) sind teilweise mit weißem Kunstmarmor verkleidet, der zusammen mit sechzehn kannelierten Marmorsäulen einen starken dekorativen Effekt schafft.
Der *Empfangsaal*, der die Galazimmerflucht eröffnet, zeichnet sich durch seinen zurückhaltenden plastischen Dekor aus. In der Ausstattung dieses Raums kann man Elemente finden, die noch von Rinaldi stammen. Dies sind vor allem die Deckenmalerei, die Stuckmotive und die Zeichnung des Parkettbodens.
Der *Thronsaal Pauls I.* wurde im ehemaligen Kabinett des Grafen Orlow eingerichtet. Brenna verlieh dem Raum mit einigen effektvollen Details imposanten Charakter. Die Wände wurden beispielsweise mit farbenprächtigen Gobelins aus dem 18. Jahrhunderts bespannt,

452

453

die Decke mit eleganten vergoldeten Stuckverzierungen dekoriert. Der Thron steht auf einem Podium zwischen zwei Fenstern. Als Brenna Orlows Kabinett in den Thron-saal umwandelte, räumte er der altrömischen Kriegssymbolik einen großen Platz ein. Betont reich und farbenprächtig sind auch die Türen dekoriert.

In den 40er Jahren des 19. Jahrhunderts verwandelte der Architekt Roman Kusmenkow den bescheidenen rechten Flügel des Schlosses, das Arsenal-Karree (wegen einer Waffensammlung, die sich darin befand, so genannt), in ein Palais. Im ersten Stock richtete er zahlreiche Prunksäle und Privatgemächer für die Familie Nikolaus' I., später auch für die Alexanders II. und Alexanders III. her. Im ersten Stock befand sich auch das Theater.

Im Schloss von Gatschina wurde von dessen Bewohnern eine großartige Sammlung der russischen und europäischen Kunst, die den Geschmack des jeweiligen Herrschers widerspiegelt, zusammengetragen.

Gatschina ist reich an Seen. Ihre Gesamtfläche beträgt 36 Hektar. Umrahmt von Bäumen und Wiesen, machen sie mit ihren Inseln und Brücken die Eigenart dieses Ortes aus und bilden einen effektvollen Hintergrund für das Schloss.

Eine besondere Vorliebe für diese Residenz hatte Alexander III., der sie zu seinem ständigen Wohnsitz machte, wofür ihn die Zeitgenossen als den »Gatschinaer Einsiedler« bezeichneten.

454

451, 452. Weißer Saal. Letztes Viertel des 18. Jh.
Architekten Antonio Rinaldi und Vincenzo Brenna

453. Thron-Saal der Zarin Maria Fjodorowna.
Letztes Viertel des 18. Jh. Architekt Vincenzo Brenna

454. Prunkschlafgemach.
Deckengemälde *Hochzeit der Psyche*. 1799. G. Doyen

455

456

457

Park von Gatschina

Der großartige Park von Gatschina besteht aus drei Teilen. Der größte davon ist der Schlosspark (143 Hektar). Er liegt an den Ufern von einigen Seen, die ein Drittel seiner Fläche einnehmen, und wurde in den Jahren 1766–1783 nach den Plänen Rinaldis angelegt. Einen wesentlichen Beitrag zu seiner Entwicklung leistete 1783–1800 Brenna. Die Gesamtkomposition umfasst einige selbständige Stile der Gartenkunst. Der riesige englische Landschaftspark umrahmt den Weißen und den Silbernen See. Das Wasser, in dem sich die wunderschönen Uferlandschaften mit den Silhouetten des Schlosses, der Pavillons und der Brücken widerspiegeln, schafft eine besondere Atmosphäre und verleiht dem Ganzen eine Musikalität. Kein Wunder, dass der Park als »Sinfonie des Nordens« bezeichnet wird. Sehr sehenswert ist die *Buckelige Brücke* (1800–1801, Architekt Andrejan Sacharow), eines der schönsten Denkmäler des russischen Klassizismus, das inzwischen zu einer Art Symbol von Gatschina geworden ist. Die Brücke kann auch als eine gute Aussichtsplattform dienen.

Neben den zahlreichen verschiedenartigen Brücken und Pavillons, die die Landschaften beleben, gibt es im Park von Gatschina auch Denkmäler für die Heldentaten der Brüder Orlow, die sich während der Regierungszeit Katharinas II. mit Ruhm bedeckten. Dies sind zum Beispiel der 1792 auf der Dlinnyj-Insel errichtete *Adler-Pavillon* oder der *Tempel*, den einst die Skulptur eines Adlers schmückte (»Orlow« heißt auf Russisch etwa »Sohn eines Adlers«), der *Tscheschme-Obelisk* (Antonio Rinaldi) zur Erinnerung an den bereits obenerwähnten Sieg der russischen Flotte, die Aleksej Orlow, Graf von Tscheschme, befehligte, u.a.

Der 1794–1796 von Brenna an der Südwestseite des Schlosses angelegte »Eigene Garten« verbindet es mit dem eigentlichen Park. Ursprünglich war das ein einziger duftender Blumengarten, denn seine ganze in mehrere Quadrate eingeteilte Fläche war mit allen möglichen Blumen bepflanzt. Eine Granittreppe führte vom Garten in die

455. »Eigener Garten«. 1794–1797.
Architekt Vincenzo Brenna

456. Buckelige Brücke. 1800–1801.
Architekt Andrejan Sacharow

457. Venus-Pavillon auf der »Liebesinsel«. 1792–1793

458. Priorat-Schloss am Schwarzen See. 1797–1799.
Architekt Nikolaj Lwow

458

459

460

Privatgemächer des Zaren. Geschmückt mit Marmorstatuen, die Paul I. während seiner Italien-Reise gekauft hatte, stellt der Garten eine Art Freilicht-Prunksaal dar. Der Zutritt in diesen »Saal« war außer dem Zaren nur den von ihm selbst zu einem Spaziergang im Eigenen Garten eingeladenen Gästen erlaubt, daher auch die Bezeichnung.

Ein kleiner regulärer Park, ebenfalls für Auserwählte, war auf der »Liebesinsel«, am Nordufer des großen Weißen Sees, angelegt. Eine Sehenswürdigkeit der Insel ist der *Venus-Pavillon*, eine Nachbildung des Pavillons in der Residenz der Prinzen Condé in Chantilly.

461

Der verhältnismäßig kleine Priorat-Park am Ufer des Schwarzen Sees ist ein typischer Landschaftspark. An diesem entlegenen Ort baute Nikolaj Lwow 1798–1799 das *Priorat-Schloss*, ein Symbol des romantischen Gatschina. Paul I., der Großmeister des Malteserordens, besuchte während seiner Frankreich-Reise einen Prior dieses Ordens, den Prinzen Condé. Nach Russland zurückgekehrt, beschloss er, für diesen ein Schlösschen in seiner Residenz bauen zu lassen. Das Priorat-Schloss zeichnet sich aus durch eine interessante, asymmetrische Komposition, deren Zentrum der Turm mit einer Turmspitze bildet. Es wurde inzwischen zu einem Wahrzeichen des »romantischen« Gatschina.
»Pawel Petrowitsch, den man beim Hofe von oben herab behandelte und ständig erniedrigte, war froh, sich nach Gatschina zurückzuziehen, die er zu seiner Residenz machte, um der fremden, feindseligen Atmosphäre, die seine Mutter, Katharina die Große., umgab, fern zu sein. Dort richtete er alles nach seinem Geschmack ein. Er verwandelt Gatschina zwar in einen kleinen Staat mit Festungen und preußischer Disziplin, ließ aber – da er ein großer Kunstkenner war –, das Schloss im Innern prachtvoll dekorieren und machte auch den Park zu einem wahren Meisterwerk der Gartenkunst«, schrieb der russische Künstler Nikolaj Lanceray.

459. Park von Gatschina

460. Schlosspark.
Metallbrücke über dem Wasserlabyrinth.
1880er Jahre. Architekt L. Speerer

461. Wladimir Makowskij. 1846–1920
Porträt der Zarin Maria Fjodorowna. 1912

462

463

Oranienbaum

Das Park- und Schloss-Ensemble von Oranienbaum (heute Lomonossow) befindet sich westlich von Peterhof, am Südufer des Finnischen Meerbusens. Der Name Oranienbaum soll auf die Orangenbäume in Kübeln zurückgehen, die einst die Gärten Aleksandr Menschikows, des ersten Besitzers dieser Residenz, schmückten. So scheinen damals die Pomeranzen genannt worden zu sein. Die Geschichte Oranienbaums begann in den ersten Jahren des 18. Jahrhunderts, als Menschikow in den Besitz dieser ehemaligen finnisch-schwedischen Ländereien am Südufer des Finnischen Meerbusens in der Nähe der Karost'-Mündung gelangt war. 1710 wurde hier der Grundstein zum Schloss gelegt. Giovanni Fontana, der die Bau- und Gartenarbeiten leitete, löste bald Johann Gottfried Schädel ab. In den Jahren 1725–1727 erlebte Oranienbaum seine höchste Blüte. Dann, nach dem Tod Katharinas I., fiel Menschikow bei der neuen Zarin, Anna Ioannowna, in Ungnade und wurde nach Sibirien verbannt.

462. Das Große Schloss von Oranienbaum. 1711–1727.
Architekten Giovanni Fontana, Johann Braunstein und Gottfried Schädel

463. Peterstadt. Haupttor. 1757. Architekt Antonio Rinaldi

464. Peterstadt. Schloss Peters III. 1758–1752. Architekt Antonio Rinaldi

465. Peterstadt. Schloss Peters III. Das Große Kabinett (Gemäldesaal)

464

465

Peterstadt

1743 ließ die Zarin Elisabeth Oranienbaum dem Thronfolger, ihrem Neffen Pjotr Fjodorowitsch (dem künftigen Peter III.) als Sommerresidenz übergeben. Peter III. war eine recht merkwürdige Figur in der russischen Geschichte. Sein ungereimtes Leben und sein rätselhafter Tod fesseln bis heute die Historiker. Als Karl Ulrich, Herzog von Holstein-Gottorp, Sohn von Anna Petrowna, einer Tochter Peters des Großen, und des Herzogs Karl Friedrich von Holstein-Gottorp, von Kaiserin Elisabeth 1742 als Thronfolger nach Russland gerufen, wurde er 1745 mit Sophie Friederike Auguste von Anhalt-Zerbst vermählt und bestieg nach Elisabeths Tod 1762 den Thron. Während seines ersten und einzigen Regierungsjahres brachte er es fertig, sich durch seine groben Manieren, seinen despotischen Charakter und die Verachtung gegenüber seiner neuen Heimat, deren Volk und Glauben, mit der ganzen russischen Gesellschaft zu verfeinden. Seine Untertanen konnten ihm vor allem seine offene Vergötterung des preußischen Königs, Friedrichs II. (des »Großen«) nicht verzeihen. Seine kluge und gebildete Frau nutzte die patriotischen Gefühle von Gardeoffizieren und entmachtete ihren Ehegatten. Die Brüder Orlow, die an der Spitze der Verschwörung gegen Peter III. standen, zwangen diesen am 7. Juli 1762 im Schloss von Oranienbaum, die Abdankung zu unterzeichnen und brachten ihn nach Ropscha, wo er am 7. Juli unter nie ganz geklärten Umständen starb.
Eine Sehenswürdigkeit im Oberen Parks Oranienbaums ist das kleine *Schloss Peters III.* auf dem Gelände der ehemaligen Spielfestung *Peterstadt* am hohen Ufer der Karost', die Rinaldi für den Thronfolger errichtete. Das äußerlich ziemlich bescheidene Schloss des »Oberbefehlshabers« ist im Innern reich dekoriert. Die Wände des Großen Kabinetts oder Gemäldesaals sind mit Bildern westeuropäischer Maler des 17. und 18. Jahrhunderts bedeckt.

466

467

Pavillon Katalnaja Gorka

1762–1774 errichtete Rinaldi, bereits für Katharina II., einen neuen Baukomplex: das *Chinesische Schloss*, den Pavillon *Katalnaja Gorka* (Rutschbahn) und viele andere dekorative Bauten und Brücken. Der Pavillon Katalnaja Gorka, der einzige erhalten gebliebene Teil der Rutschbahn, ist in Form eines kleinen festlich schönen auf einem hohen Hügel gelegenen Palais gestaltet, das eine wichtige architektonische Dominante des Oberen Parks bildet und in dem die kühne Phantasie Rinaldis ihre prägnanteste Verkörperung fand. Bei diesem Pavillon handelt es sich um eines der effektvollsten Werke der Gartenarchitektur des 18. Jahrhunderts in Petersburg und seiner Umgebung.

Im Grundriss hat das Gebäude einen Kreis, an den sich drei Rechtecke schließen. Den ersten Stock umläuft eine leichte Kolonnade, die den Rundbalkon des zweiten Stocks stützt. Den 33 Meter hohen Pavillon krönt eine glockenförmige Kuppel auf einer runden Trommel.

Die Vielfalt von Verzierungen, die originelle Form des Gebäudes und seine Verbundenheit mit der Natur, in welche es gebettet ist, machen den einmaligen Reiz der Katalnaja gorka aus. Die Rutschbahn selbst, auf die man von einer Plattform im zweiten Stock gelangte, ist nicht erhalten geblieben. Als Vorlage dafür diente Rinaldi die von Rastrelli in Zarskoje Selo gebaute Rutschbahn und eine ähnliche Anlage im Dorf Pokrowskoje bei Moskau. Das Rodeln gehörte zu den Lieblingsbelustigungen des Adels im 18. Jahrhundert. Im Winter wurden Schlitten, im Sommer kleine Wägelchen benutzt.

Der größte Raum des Pavillons, der *Runde Saal*, ist mit Stuck und Malereien verziert; interessant ist auch der Fußboden aus Kunstmarmor. Im *Porzellan-Kabinett* kann man zahlreiche Plastiken aus Meißen-Porzellan auf originellen, von Vögeln und Affen getragenen Konsolen sehen. Heute wird das Gebäude restauriert und kann nicht besichtigt werden.

466. Pavillon *Katalnaja Gorka* (Rutschbahn). 1762–1774. Architekt Antonio Rinaldi

467. Porzellan-Kabinett

468

469

470

Chinesisches Schloss

Das Chinesische Schloss (1762–1768, Antonio Rinaldi) ist ein prägnantes Beispiel der Chinoiserien. Es birgt überdies eine wertvolle Sammlung originaler chinesischer Kunstwerke. Die Innenausstattung zeichnet sich durch Vollkommenheit und erlesene Pracht des Dekors aus.
In den symmetrischen Volumina des Gebäudes ließ Rinaldi bizarre Kompositionen entstehen: den Großen Saal, den Saal der Musen, das Große Chinesische Kabinett, einige Gastzimmer und Privatgemächer Katharinas II. und ihres Sohnes Paul. Jedes Interieur hat seinen eigenen, ausgesprochen individuellen Charakter. In den drei erstgenannten Prunkräumen stammen die Sujets der Deckenmalereien und die ornamentalen Motive der Parkettböden und der Stoffe aus verschiedenen Werken der chinesischen Kunst. Der Saal der Musen war für Konzerte bestimmt und deswegen vom italienischen Künstler Stefano Torelli mit entsprechenden Sujets bemalt: An den Wänden erscheinen, umrahmt von Pflanzenornamenten, die Musen. Das Deckengemälde zeigt Venus mit Grazien. Besonders schön ist das *Große Chinesische Kabinett* (Billardzimmer), das die Galazimmerflucht im Westen abschließt und dessen Wände dekorative Holzpanneaus mit Elfenbeineinsätzen bedecken. Sie zeigen Alltagsszenen aus dem chinesischen Leben, die sich vor Landschaftshintergründen abspielen. Die Deckenmalerei Bündnis zwischen Europa und Asien (Mitte des 19. Jahrhunderts) stammt von den Künstlern Serafino und Giuseppe Barozzi.
Ein wahres Meisterwerk der angewandten Kunst stellt das Glasperlenkabinett dar. Das Hauptelement der Ausstattung sind hier die zwölf von russischen Goldnäherinnen angefertigten Wandpan-neaus mit Seidenstickereien vor dem Glasperlenhintergrund, die phantastischen Landschaften der tropischen Wälder, bevölkert mit Vögeln und verziert mit graziösen Brücken und Gartenlauben, zeigen. In jedem Raum findet man überdies kostbare Parkettböden, Deckenmalereien und Bilder der berühmten venezianischen Künstler Stefano Torelli, Francesco Zugno, Francesco Zuccarelli, Gasparo Diziani, Cignarolli, Giuseppe und Seraphino Barozzi; Guaraca, Giovanni-Battista Pittoni und Domenico Maggiotto.

468. Chinesisches Schloss. 1762–1768. Architekt Antonio Rinaldi

469. Saal der Musen

470. Das Große Chinesische Kabinett

471

Parks von Oranienbaum

Vor der Nordfassade liegt der mit Plastiken, Springbrunnen, Blumenbeeten und Bosketten geschmückte Untere Park, einer der ersten regulären Parks in Russland. Einst durchschnitt ihn ein Kanal, der das Schloss mit dem Meer verband. Südlich vom Schloss erstreckt sich der riesige Obere Park. Er entstand in einer Zeit, in der die Gartenkünstler die regulären Parks bereits als den gestrigen Tag der Gartenkunst betrachteten und bestrebt waren, die natürliche Schönheit der Landschaft zur Geltung zu bringen. Von den 35 Jahren, die der herausragende Architekt Antonio Rinaldi in Russland verbrachte, widmete er 20 Jahre dem Park- und Schloss-Ensemble von Oranienbaum. Aber zu den vielen Vorteilen dieses Museumsreservats gehört auch die Tatsache, dass Oranienbaum während des Krieges nicht besetzt war, obwohl die Feinde 29 Monate lang die Stadt ständig bedrohten.

471. Pavillon *Katalnaja Gorka*

472. Großer (Menschikow-) Palast und regulär angelegter Teil des Parks

473

474

475

476

Strelna

Das Schicksal des Schloss- und Parkensembles von Strelna, dessen Nachfolge der Staatskomplex »Kongresspalast« angetreten hat, ist nicht einfach. Erdacht von Peter I. als glänzende Kaiserresidenz am Ufer des Finnischen Meerbusens, wurde daraus zuerst ein Großfürstensitz; nach 1917 begann der stetige Zerfall. Die Wiederaufbauarbeiten im Konstantinpalast in Strelna, die unter der Leitung der Präsidialverwaltung standen, waren im Mai 2003 vollendet. Umgestaltet wurden auch der Park und die ufernahen Zonen. Unweit des Palastes wuchs am Ufer des Finnischen Meerbusens ein »Konsulatsdorf« mit 20 Cottages empor; jedes ist nach einer russischen Stadt benannt.

Die Apartments des Konstantinpalastes wurden nach Archivdokumenten und alten Fotografien neu geschaffen. Der größte Raum im Palast ist der *Blaue-Saal*. Er ist für unterschiedliche Veranstaltungen vorgesehen: von Sitzungen und Konferenzen bis zu Festdiners und Modenschauen. Im an ihn anschließenden *Marmorsaal* finden wichtige internationale

473, 474. Konstantinpalast. 1720–1730. Architekt Nicolas Michetti

475. Cottage-Seidlung

476. Reiterdenkmal für Peter I. Wiederholung des Standbilds von G. Cassel

477

478

479

480

Begegnungen statt. Dort steht der Tisch noch so, wie er während des Russland-EU-Gipfels stand, der in die neue Geschichte des Palastes einging. An diesem Tisch saßen damals die Leiter der Delegationen. Der *Belvedere-Saal* befindet sich 31 Meter über dem Meeresspiegel. Sinn gebendes Detail seines Interieurs ist ein geschnitzter Schiffsschnabel in Gestalt einer Nike-Figur, die einen Ruhmeskranz in den Händen hält; sie ist über den Sesseln für die Verhandlungsteilnehmer angebracht. Eine Wendeltreppe führt in einen kleinen Turm und auf eine Aussichtsplattform.

481

477. Konstantinpalast. Blauer-Saal

478. Konstantinpalast. Musikzimmer

479. Konstantinpalast. Marmorsaal

480. Konstantinpalast. Kabinett von Großfürst Konstantin Konstantinowitsch

481. Konstantinpalast. Belvedere-Saal

482. Panorama des Schloss- und Parkensembles in Strelna →

483

484

Kronstadt

Am 7. Mai 1704 wurde auf der Insel Kotlin im Finnischen Meerbusen, 29 Kilometer vom Newa-Delta entfernt, von Peter dem Großen der Grundstein zur Festung Kronstadt gelegt. Den Standort hatte der Zar selbst bestimmt, der sogar eine Zeitlang überlegte, ob er die neue Hauptstadt nicht hier bauen lassen sollte. Ihre Feuertaufe erhielt die Festung im Juni 1704, seitdem schrieben die Seeleute von Kronstadt viele ruhmreiche Kapitel in das Buch der russischen Geschichte. Gleichzeitig mit der Festung wurden ein Kanalsystem und mehrere Docks errichtet, von denen einige bis heute funktionieren. Im Schutz der Festung entstand seit 1714 nach und nach auch die Stadt mit ihren geraden Straßen und Kanälen (denn sie wurde wie Petersburg nach einem Plan gebaut). 1723 erhielt die kleine Stadt ihren Namen, der im Unterschied zu Petersburg nie geändert wurde.
Kronstadt ist die Stadt des Kriegsflotten-Ruhmes Russlands. Alle interessanten Bauwerke und Denkmäler sind mit dem Thema der Entstehung und Entwicklung der russischen Flotte verbunden. In der Stadtmitte, auf dem Jakornaja-Platz, befindet sich die St.-Nikolaus-Marine-Kathedrale. Die auf dem höchsten Punkt der Insel gelegene Kirche diente mit ihrer 70,62 Meter hohen Kupferkuppel als eine gute Orientierung für die Seeleute. Im Innern kann man

483. Kriegsschiffe im Peter-Hafen

484. Auf Posten

485. Jakornaja-Platz (Ankerplatz) in Kronstadt.
St.-Nikolaus-Marine-Kathedrale. 1903–1913. Architekt Wassilij Kossjakow
Denkmal für Vizeadmiral Stepan Makarow. 1913. Bildhauer Leonid Scherwud

486

487

Marmorgedenktafeln mit den Namen der gefallenen Matrosen und Offiziere sehen. 1913 wurde auf dem Jakornaja-Platz ein Denkmal für den herausragenden Flottenführer und Gelehrten, Vizeadmiral Stepan Makarow enthüllt. In Kronstadt gibt es auch ein Denkmal für Peter den Großen, den Gründer der russischen Flotte und der Stadt. Am Sockel ist die Inschrift zu lesen: »Peter dem Großen, dem Gründer von Kronstadt. 1841«. An der gegenüberliegenden Seite sind die Worte aus dem Zarenukas von 1720 eingemeißelt: »Für die Flotte und diese Festung soll gekämpft werden bis zum letzten Blutstropfen…«

486. Obwodnyj-(Umleitungs-)-Kanal

487. Anker und Ankerketten vor dem Makarow-Denkmal

488. Denkmal für Peter den Großen. 1841. Bildhauer T. Jaquot und Pjotr Klodt

ПЕТРУ ПЕРЬВОМУ
ОСНОВАТЕЛЮ
КРОНШТАДТА
1841 ГОДА

Inhalt

САНКТ-ПЕТЕРБУРГ

Альбом

Издательство «П-2», Санкт-Петербург

Торговый дом «Медный всадник»
www.mvsadnik.ru. Тел./факс (812) 320-91-35 (36, 37)
Изготовитель ООО «Новатор»
Россия, 194156, Санкт-Петербург,
пр. Энгельса, д. 27, литера Ц
Тел./факс (812) 365-40-04 (05, 06, 07, 08)

Формат 75 × 90 1/16, печать офсетная, бумага мелованная